中等职业教育中餐烹饪专业系列教材

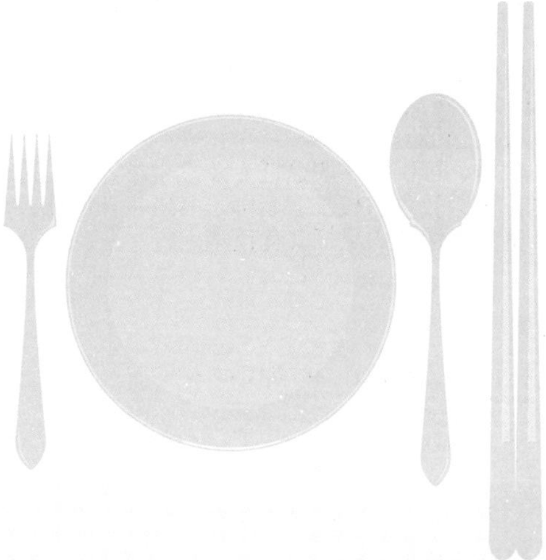

烹饪语文

主　编　陈克芬　胡文柱　吴茂钊
副主编　袁世宇　解　筑　潘文旸
参　编　杨绍宇　李正光
主　审　石自彬　钱　鹰　陈　健

重庆大学出版社

内容提要

随着国家职业教育改革的不断发展，从中等职业教育到高等职业教育和本科层次职业教育的立交桥搭建基本成型。烹饪专业的素质教育与职业教育融合发展，学历素质教育模块和职业教育模块的同步推进势在必行，探索烹饪语文教育教学改革正当其时。实时推进中职、高职专科、高职本科、普教本科四个版本和以区域、菜系为主版本的烹饪语文课程教材，是当代烹饪发展和饮食文化繁荣的彰显。

本书分为文化寻味、文化思味、妙笔呈味、佳言品味、匠心调味五个学习单元，学习中带有任务点，以任务驱动模式，让学生在驱动中完成学习任务。每一单元包括单元导读、文本阅读、语文实践活动、拓展阅读、课外古诗词诵读等任务，将烹饪美文赏析、烹饪文体写作训练、烹饪口语交际运用、拓展与提升、思考与应用评价等融入项目，积淀语文素养。

本书是烹饪语文课程全程教材，可供中高职烹饪专业学生学习，也可作为各类烹饪培训教材，各级技能大师工作室师带徒教材，各级教育名校长、名师、名班主任工作室教研活动教材，还可作为行业从业人员提升人文底蕴、丰富实践活动的烹饪文化读本。

图书在版编目（CIP）数据

烹饪语文 / 陈克芬，胡文柱，吴茂钊主编. -- 重庆：重庆大学出版社，2023.3

中等职业教育中餐烹饪专业系列教材

ISBN 978-7-5689-3098-7

Ⅰ. ①烹… Ⅱ. ①陈… ②胡… ③吴… Ⅲ. ①语文课－中等专业学校－教材 Ⅳ. ①G634.301

中国版本图书馆 CIP 数据核字（2021）第263625号

中等职业教育中餐烹饪专业系列教材

烹饪语文

主　编　陈克芬　胡文柱　吴茂钊

副主编　袁世宇　解　筑　潘文旸

参　编　杨绍宇　李正光

主　审　石自彬　钱　鹰　陈　健

策划编辑：沈　静

责任编辑：夏　宇　　版式设计：沈　静

责任校对：关德强　　责任印制：张　策

*

重庆大学出版社出版发行

出版人：饶帮华

社址：重庆市沙坪坝区大学城西路 21 号

邮编：401331

电话：（023）88617190　88617185（中小学）

传真：（023）88617186　88617166

网址：http://www.cqup.com.cn

邮箱：fxk@cqup.com.cn（营销中心）

全国新华书店经销

重庆市正前方彩色印刷有限公司印刷

*

开本：787mm × 1092mm　1/16　印张：10.25　字数：221 千

2023 年 3 月第 1 版　2023 年 3 月第 1 次印刷

印数：1—3 000

ISBN 978-7-5689-3098-7　定价：35.00 元

前　言

本书根据教育部颁布的职业教育语文教学大纲的基本精神，为满足职业学校语文职业模块教学和职业教育教学改革新形势，在认真研究了烹饪专业的具体实际以及烹饪专业学生特点的基础上，遵循语文课教学规律进行编写。本书凝结了近几年烹饪专业语文教学改革经验，能培养学生基本语文能力，适合烹饪专业学生学习的基本状况与他们未来职业生涯发展需要。本书是烹饪语文课程全程教材，可供中高职烹饪专业学生学习，也可作为各类烹饪培训教材，各级技能大师工作室师带徒教材，各级教育名校长、名师、名班主任工作室教研活动教材，还可作为行业从业人员提升人文底蕴、丰富实践活动的烹饪文化读本。本书具有以下特点：

一、编写指导思想

（一）专业特色鲜明，彰显学科育人功能

本书将与烹饪相关的语文能力、知识融入选文，编写了丰富的语文实践活动，拓展了课外知识积累。在所选文体中，注重趣味性、实用性、实践性，将专业知识与学科教学相结合，充分挖掘烹饪专业语文学科本身独特的育人功能，打好学生的文化基础，选择与烹饪专业密切相关的学科素养，满足学生职业发展的需要，进一步突显了职业教育特色，注重教学内容和社会生活的联系。

（二）目标导向和问题导向相结合

在本书的编写过程中，选用了符合党和国家对职业教育的要求，具有中华优秀传统文化和社会主义先进文化教育意义的课文。在“阅读导引”中，运用精练的语言阐述该部分课文人文精神核心内涵及意义；设置的问题贴近实际，有利于结合自身情况进行思索。同时，有 10 首课外古诗词诵读篇目，有助于引导读者认识中华优秀传统文化并进行知识积累，努力成为适应时代要求的创新型、复合型、应用型技能人才。

二、主要特点

（一）整体设计，体现烹饪特色

本书的总体设计以语文教学体系知识为核心，体例上以讲读为重点，设计丰富的语文实践活动。编写体例如下：

部分	主题	文本阅读	语文实践活动	拓展阅读	课外古诗词诵读
第一单元	文化寻味	《乡党》 《庖丁解牛》	我来说美味	《本味》	《卷耳》 《鹿鸣》
		《惠崇春江晚景二首·其一》	我来搜佳句	《游山西村》	
		《吃饭》	我来秀文化	《稻草变黄金:日常生活中的蜕变》	
		《须知单》	我来取菜名	《老饕赋》	
第二单元	文化思味	《劝菜》	我来秀谚语	《说“吃”》	《饮马长城窟行》 《白马篇》
		《藕与莼菜》	我说家乡菜	《苗家酸汤鱼》	
		《同和堂的天梯鸭掌》	我来说原料	《鸡肉饼》	
		《春卷》	我来做盘饰	《各类菜肴的装饰法》	
第三单元	妙笔呈味	《狮子头》	我来展技艺	《吃喝之外》	《春江花月夜》 《山居秋暝》
		《地瓜叶的前世今生》	我是美食家	《怎一个爽字了得》 《我的黔菜梦》	
		《有情怀,老味道——家乡的破酥包》	我做小编辑	启事与条据写作	
第四单元	佳言品味	《刘姥姥二进大观园》	我来评评菜	《百转千回辣子鸡》	《将进酒》 《客至》
		《五味》	我说专业语	《鼻子的感觉迷失在口中》	
		《吃草与吃肉》	我来说菜谱	《谈粽子》	
		《西瓜清凉》	我来说营养	《从慢食到简烹》	
第五单元	匠心调味	《敬业与乐业》	寻身边名厨	《社会没有义务等待你成长和成熟》	《一七令·茶》 《江南弄》
		《无鸡不成宴》	宴席巧设计	《天堂与地狱比邻》	
		《春菜》	我来说食俗	《妈妈的自制卤菜》	
		《现代厨房管理》	创建新厨房	《中小餐馆装修常见的五个格调缺陷》	

本书以任务驱动模式，通过单元导读、文本阅读、语文实践活动、拓展阅读、课外古诗词诵读等任务让学生在驱动中完成学习任务，将烹饪美文赏析、烹饪文体写作训练、烹饪口语交际运用、拓展与提升、思考与应用评价等融入项目，积淀语文素养。

（二）注重实践，突破编写体例

本书突破了以选文为主的编写体例，书中必读选文、实践活动、拓展选文的比例为1∶1∶1。在长期的语文教学中，我们一直认为烹饪专业的学生动手能力较强，对能交流、能参与的教学内容感兴趣。因此，本书将语文实践活动作为编写的一大特点，必读选文和拓展选文都围绕语文实践活动来编写，力求在语文活动中使学生既掌握语文学习的应知应会，又能不断提升自己的烹饪知识，全面提高学生的职业素养。拓展选文是对必读选文的补充，由与该部分文体相似的文章组成。

（三）能力升级，提升语文能力

本书的每一部分根据学生的能力特点进行编写，逐层提升。文本阅读做如下安排：选文→阅读导引→文学与生活→问题指南→文学寻味。“阅读导引”着重于对文章的内容和作者及写作背景的引导；“文学与生活”着重把文章作品中展现的内容与日常生活中积累的经历和感悟结合在一起；“问题指南”主要从文本内容引导学生思考，学习从文学与烹饪的角度去评价，用自己的阅历去扩展文本内容；“文学寻味”主要根据文学作品中出现的烹饪文化和技能，寻找自己与烹饪相关的人生体验。

本书吸收借鉴了兄弟院校校本教材在编写中的一些好的方法，做了更多的努力和创新。在培养学生独特个性和独立思考能力、组织设计活动能力的相关内容上进行了更多的突破和延展。本书与时俱进，增加了现代厨政管理、线上餐饮运作等新内容。

三、教学学时安排

教学内容	学时
文本阅读	28
语文实践活动	60
拓展阅读	20
总计	108

本书选取的文章，大都是著名餐饮文化人的思考与心得，向人们传达“人人皆可成才”“人人皆能成事”的理念，在阅读与交流中，引导学生学习社会生活中的烹饪饮食，并努力付诸“学而力行”“锲而不舍”“精雕细琢”“进取创新”的实践，满足学生职业发展需要，增强学生适应、服务社会的能力，“人人皆树匠心，个个俱具工匠精神”。

为适应中职升高职、高职专科过渡本科院校教学需求，我们组织了国内开设烹饪专业的知名中高职院校与技工院校语文教师和烹饪教师共同编写本书，具体分工如下：陈克芬、潘文旸、杨绍宇编写第一、二单元，胡文柱、袁世宇编写第三、四单元，吴茂钊、解筑、李正光编写第五单元。石自彬、钱鹰、陈健主审。

感谢黄永国、侯彩义、吴疏影、夏雪、何花、陈清清、赵颖、黄融涛、胡国发、尚荣、路元雄、唐陈贝、田芳、杨月、余昌美等老师多次参与讨论本书的编写及其他相关工作。

本书引用了许多名家学者的文本和名句，在此谨致谢忱。由于编者水平有限，书中错误在所难免，恳请广大读者批评指正。

编　者

2023 年 1 月

Contents
目录

第一单元　文化寻味

第二单元　文化思味

第三单元　妙笔呈味

第四单元　佳言品味

第五单元 匠心调味

第一单元

文化寻味

单元导读

我们伟大的祖国，经历了5000多年的历史，漫长的历史长河中，中华民族创造了灿烂辉煌的文明，璀璨的烹饪文化让我们后人享之不尽。从饮食体系上来说，烹饪从原始社会末期就初具雏形。作为一名烹饪美食爱好者，我们除了要从技艺上进行传承创新，还要从传统上去寻根，找到我们的味之源起、味之发展、味之成型、味之发挥、味之赞语等，让我们一起创造美好的生活。

任务一

【文本阅读】

乡党

食不厌精，脍[①]不厌细。食饐[②]而餲[③]，鱼馁[④]而肉败[⑤]，不食。色恶，不食。臭[⑥]恶，不食。失饪[⑦]，不食。不时[⑧]，不食。割不正[⑨]，不食。不得其酱，不食。肉虽多，不使胜食气[⑩]。唯酒无量，不及乱。沽酒市[⑪]脯[⑫]，不食。不撤姜食，不多食。

（节选自《论语》）

【注释】

①脍：切得很细的鱼和肉。

②馇：陈旧。食物放置时间长了。
③餲：变味了。
④馁：鱼腐烂，这里指鱼不新鲜。
⑤败：肉腐烂，这里指肉不新鲜。
⑥臭：气味。
⑦饪：烹调制作饭菜。
⑧不时：不在当时，不时新，不时鲜。时，应时，时鲜。
⑨割不正：肉切得不方正。
⑩气：同“饩”，即粮食。
⑪市：购买。
⑫脯：肉干。

【译文】

粮食不嫌舂得精，鱼和肉不嫌切得细。粮食陈旧和变味了，鱼和肉腐烂了，都不吃。食物的颜色变了，不吃。气味变了，不吃。烹调不当，不吃。不时新的东西，不吃。肉切得不方正，不吃。佐料放得不适当，不吃。席上的肉虽多，但吃的量不超过米面的量。只有酒没有限制，但不喝醉。从市上买来的肉干和酒，不吃。每餐必须有姜，但也不多吃。

庖丁解牛

庖丁为文惠君解牛，手之所触，肩之所倚，足之所履，膝之所踦[①]，砉然[②]向然，奏刀騞然[③]，莫不中音。合于《桑林》[④]之舞，乃中[⑤]《经首》[⑥]之会[⑦]。

文惠君曰：“嘻，善哉！技盖[⑧]至此乎？”

庖丁释刀对曰：“臣之所好者道也，进[⑨]乎技矣。始臣之解牛之时，所见无非牛者。三年之后，未尝见全牛也。方今之时，臣以神遇而不以目视，官知止而神欲行。依乎天理，批[⑩]大郤[⑪]，导大窾[⑫]，因其固然[⑬]，技经肯綮[⑭]之未尝，而况大軱[⑮]乎！良庖岁更刀，割也；族庖月更刀，折也。今臣之刀十九年矣，所解数千牛矣，而刀刃若新发于硎[⑯]。彼节者有间，而刀刃者无厚；以无厚入有间，恢恢乎[⑰]其于游刃必有余地矣，是以十九年而刀刃若新发于硎。虽然，每至于族[⑱]，吾见其难为，怵然为戒，视为止，行为迟。动刀甚微，謋[⑲]然已解，如土委地。提刀而立，为之四顾，为之踌躇满志，善[⑳]刀而藏之。”

文惠君曰：“善哉！吾闻庖丁之言，得养生焉。”

（节选自《庄子·养生主》）

【注释】

①踦：用膝抵住。
②砉然：象声词，皮肉相离的声音。
③騞然：象声词，比砉然的声音更大。
④桑林：商代乐曲名。
⑤中：合乎的意思。
⑥经首：尧乐《咸池》中的乐章名。
⑦会：节奏。
⑧盖：同“盍”，意义同何，怎么的意思。
⑨进：超过。
⑩批：击。
⑪郤，同“隙”，指筋骨间空隙处。
⑫窾：空隙。
⑬因其固然：顺其本来的结构。因，遵循，顺着。固然，这里指牛本身的结构。
⑭技经肯綮：技，同“枝”，枝脉。经，经脉。技经，指经络联结处。肯綮，指骨肉联结处。以上四处都是对运刀有所阻碍的地方。
⑮大軱：指股部大而硬的骨头。
⑯硎：磨刀石。
⑰恢恢乎：宽绰而有余的样子。
⑱族：筋骨交错聚集处。
⑲謋：同“磔”，张开。这里指骨肉相离的声音。
⑳善：通“缮”，修缮、擦拭、摆弄。

【译文】

厨师给文惠君宰杀牛，分解牛体时手接触的地方，肩靠着的地方，脚踩踏的地方，膝抵住的地方，都发出砉砉的声响，快速进刀时唰唰的声音，无不像美妙的音乐旋律，符合《桑林》舞曲的节奏，又合于《经首》乐曲的乐律。

文惠君说：“嘻，妙呀！技术怎么达到如此高超的地步呢？”

厨师放下刀回答说：“我所喜好的是摸索事物的规律，比起一般的技术、技巧又进了一层。我刚开始分解牛体的时候，所看见的是一头整牛。几年之后，就不曾再看到完整的牛了。现在，我只用心神去接触而不必用眼睛去观察，眼睛的官能似乎停了下来而精神世界还在不停地运行。依照牛体自然的生理结构，劈击肌肉骨骼间的缝隙，把刀导向那些骨节间大的空处，顺着牛体的天然结构去解剖；从不曾碰撞过经络结聚的部位和骨肉紧密连接的地方，何况那些大骨头呢！优秀的厨师一年更换一把刀，因为他们是在用刀割肉；普通的厨师一个月就更换一把刀，因为他们是在用刀砍骨头。如今我用的这把刀已经十九年了，所宰杀的牛上千头了，而刀刃锋利得就像刚从磨刀石上磨过一样。牛的骨节乃至各个组合部位之间是有空隙的，而刀刃几乎没有什么厚度，用薄薄的刀刃插入有空隙的骨节和组合部位间，对于刀刃的运转和回旋来说是多么宽绰而有余地呀。所以我的刀使用了十九年刀锋仍像刚从磨刀石上磨过一样。虽然这样，每当遇上筋腱、骨节聚结交错的地方，我觉得难于下刀，为此而格外谨慎不敢大意，目光专注，动作迟缓，动刀十分轻微。牛体霍霍地被全部分解开来，就像是一堆泥土堆放在地上。我于是提着刀站在那里，为此而环顾四周，为此而心满意足，这才擦拭好刀收藏起来。"

文惠君说："妙啊，我听了你这一番话，从中得到养生之道了。"

阅读导引

《论语》是儒家学派的经典著作之一，是孔子弟子和后学记录有关孔子言行的著作。它以语录体和对话文体为主，集中体现了孔子的政治主张、伦理思想、道德观念及教育原则等。与《大学》《中庸》《孟子》合称"四书"。

庄子，名周，战国时宋国蒙（今河南商丘）人，哲学家、文学家、道家学派代表人物。主要作品有《庄子》。《庄子》行文汪洋恣肆，想象奇特，不仅是哲学著作、美学著作，也是文学著作。

文学与生活

《乡党》篇共 27 章，其中记载了孔子的容色言动、衣食住行，颂扬孔子是一位一举一动都符合礼的正人君子，让人们了解孔子日常生活的一些侧面。孔子在日常的饮食生活中非常讲究，这些饮食生活影响了中国饮食文化几千年。思考一下：我们现在生活中哪些方面还受到这种影响？有什么样的表现？

你家里的日常饮食生活有什么样的礼节？想一想，我们烹饪生活中还需要哪些礼节？你觉得这些礼节礼仪需要怎样与时俱进？如果有机会和孔子交流，你想对他说点什么？

《庖丁解牛》向我们展示了庖丁解牛的全过程：起初，"所见无非牛者"；三年之后，"未尝见全牛也"；最后，"以神遇而不以目视，官知止而神欲行"。在这里，庖丁解牛的过程，就是一个通过反复实践来达到美的最高境界的过程，解牛已经从一个实用的劳动过程变成了一个审美的艺术创造过程，从而进入了一个高度自由的境界。

生活中，我们常常说"熟能生巧"，即做什么事情只要努力地训练，反复地训练，一定会非常熟练且巧妙，成为专业人士。

学习烹饪更是如此，只有多练，才能熟练掌握所学技艺。

问题指南

思考

孔子列出了哪些"不食"的情况？

你是如何理解孔子这段关于饮食的谈话的？如果穿越回去，我们将怎样向孔子描述后世的饮食现象？试着进行一下古今对比。

古文对于学生来说是有一定难度的。可是我们伟大的祖国有几千年历史，老祖宗的记载都是文言文，而且文言文里蕴含着祖先的智慧，再难我们也得慢慢地读懂，多读几遍也就理解意思了。多读几遍《庖丁解牛》，你会理解到不一样的内涵。里面有些词语我们今天还在用，下面这些成语就出自这篇文章，“目无全牛”“切中肯綮”“游刃有余”“踌躇满志”等，查一查字词典，看看它们是什么意思，熟悉和认识它们。为什么古人的思维如此厉害，能将生活现象上升为一种哲理。我们也可以仔细观察，努力从生活中的小现象感悟出深刻的道理。

评价

背诵这篇《乡党》，试着评价一下孔子的饮食观。

庄子继承了老子的道家思想，课后找一下相关资料，看看庄子有哪些思想，梳理一下，大家在课堂上互相交流，并试着评价一下这种思想对我们有哪些影响？

扩展

请你在作品中寻找一下：味型有哪些？分别是什么？和今天相比有什么变化？

通过这篇《庖丁解牛》，我们能学到什么？对学习烹饪有什么样的启发？

运用庄子的写作手法，写一写生活中的小事，并试着说明一个道理。

文学寻味

味在中国饮食中是很重要的一个环节，在下面的实践活动中，认真准备一下，去寻找古今至味。

请找找中国的饮食“五味”，并与大家分享。

【语文实践活动】

// 我来说美味 //

活动设计

中国饮食号称“烹饪王国”，除了技艺繁多，还讲究用料、刀工训练、火力、施水调味、装盘器皿、盘饰点缀和美食美名等。今天我们来说说自己的家乡有哪些美味？用什么来调出这些美味？

活动目标

熟悉不同味型和呈味物质。

活动准备

1. 把学生分成 5 ~ 6 组，每组选出一个小组长，并给自己取一个以味命名的组名，可以夸张一些。

2. 每组对自己组的“味”名进行分析，写在准备好的卡片上，找出能呈现此种味的食材或调味料。

3. 每组选出一个组员组成评分组，为各队的展示打分。

活动步骤

1. 以组的方式上台展示，分别介绍自己组的“味”及呈味物质。

2. 各组联系自己所属的味，说说如何开发出味型原料或调料。

3. 将自己的活动内容写成小论文。

活动评价

“我来说美味”活动评价表

小组名称	队员积极投入、协作状态好（10 分）	内容丰富完整（65 分）	表达流畅、自然不怯场（10 分）	评分队员认真、公平、评分合理（15 分）	总分

活动反思

对整个活动过程进行反思，因为味型是学习中餐烹饪必须掌握和学习的，进入厨房的工作人员必须熟悉味型及呈味物质，所以一定要做更深刻的了解和把握。

【拓展阅读】

本　味

凡味之本，水最为始。五味三材，九沸九变，火为之纪[①]。时疾[②]时徐[③]，灭腥[④]去臊[⑤]除膻[⑥]，必以其胜，无失其理。调和之事，必以甘酸苦辛咸，先后多少，其齐甚微，皆有自起。鼎中之变，精妙微纤[⑦]，口弗能言，志弗能喻，若射御之微，阴阳之化，四时之数。故久而不弊，熟而不烂，甘而不哝[⑧]，酸而不酷，咸而不减，辛而不烈，澹[⑨]而不薄，肥而不腠。

（节选自《吕氏春秋·孝行览》）

【注释】

①纪：这里是法度的意思。

②疾：快的意思。

③徐：缓，慢慢地。

④腥：像鱼的气味。

⑤臊：像尿或狐狸的气味，难闻。

⑥膻：像羊肉的气味。

⑦精妙微纤：精致巧妙入微。纤，细小，细微。

⑧哝：通“浓”，厚重。

⑨澹：同“淡”，恬静、安然。

【译文】

所有的味道的根本，水是第一的。五种味道三种调料，九次煮开，九次变化，火候是关键。有时快有时慢，消除腥味去掉臊味除掉膻味，只有这样才能做好，不失去食物的品质。味道调和的事，一定用甜、酸、苦、辣、咸，谁先谁后谁多谁少，那很精妙，却都从这里产生。鼎中的味道变化是很精妙的，只可意会不可言传，如同射箭驾马的精妙，阴阳的变化，四季的规律。所以，时间虽久却不会腐败，熟了却不会烂。甜却不浓烈，酸却不深涩，咸而不少，辣而不暴烈，味道清淡而不薄，肥厚而不腻。

阅读导引

《吕氏春秋》是战国末年秦国丞相吕不韦组织门客集体编撰的杂家著作，成书于秦始皇统一六国前夕。此书分为十二纪、八览、六论，共 26 卷，160 篇，20 余万字。书中尊崇道家，肯定了老子顺应自然的思想，舍弃了其中消极的成分。同时，融合儒、墨、法、兵众家之长，形成了包括政治、经济、哲学、道德、军事等各方面的理论体系。

这则小文中关于味的观点，可以想见我们的祖先在很早时就已悟透烹饪的精髓。我们的祖先把烹饪和做人、治国等结合在一起，认为治理国家要像烹饪一样，讲究法度、规矩，只可意会不可言传。如果联系到今天的为人交际、情商处事，我们应怎么做才能更好适应呢？这篇小文被称为厨师界的“厨艺宝典”，你怎样去评价它？它对我们有什么样的启示？

文学与生活

吕不韦是有名的商人，同时也很具有政治头脑和眼光。吕不韦将投资眼光放在了在赵国作人质的秦国太子身上，认为太子“奇货可居”。在纷繁的头绪下我们要锻炼出一双慧眼，学会用头脑解决问题。那个时代是一个思想碰撞的时代，百家争鸣，一如今天的网络时代，每个人都有自己的观点和看法，我们要在千变万化的信息时代抓住脉络性的东西并化为己用，树立自己的独特气质、个性和观点。

任务二

【文本阅读】

惠崇[1]春江晚景[2]二首·其一

苏　轼

竹外桃花三两枝，
春江水暖鸭先知。
蒌蒿[3]满地芦芽[4]短，
正是河豚[5]欲上[6]时。

【注释】

①惠崇：福建建阳人，北宋僧人，善诗、画。

②春江晚景：惠崇所作画名，共两幅，一幅为鸭戏图，一幅为飞雁图。

③蒌蒿：草名，有青蒿、白蒿两种。《诗经》：“呦呦鹿鸣，食野之蒿。”

④芦芽：芦苇的幼芽，可食用。

⑤河豚：鱼，头圆形，口小，背部黑褐色，腹部白色，鳍常为黄色。肉味鲜美，卵巢、血液和肝脏有剧毒。河豚产于我国沿海和一些内河。每年春天逆江而上，在淡水中产卵。

⑥上：指逆江而上。

【译文】

竹林外三两枝桃花初放，鸭子在水中游戏，它们最先察觉了初春江水的回暖。

河滩上已经满是蒌蒿，芦笋也开始抽芽，而河豚此时正要逆流而上，从大海回游到江河里。

阅读导引

苏轼，字子瞻，一字和仲，号铁冠道人、东坡居士，世称苏东坡、苏仙，眉州眉山（今四川眉山）人，北宋文学家、书法家、美食家、画家，唐宋八大家之一。

苏轼在诗、词、散文、书、画等方面具有很高成就：文纵横恣肆；诗题材广阔，清新豪健，擅用夸张比喻，独具风格，与黄庭坚并称“苏黄”；词开豪放一派，与辛弃疾同是豪放派代表，并称“苏辛”；散文著述宏富，豪放自如，与欧阳修并称“欧苏”。苏轼擅书，是宋四家之一；擅长文人画，尤擅墨竹、怪石、枯木等。

《惠崇春江晚景二首》是苏轼题惠崇的《春江晚景》画作所创作的组诗。第一首诗题“鸭戏图”，再现了原画中的江南仲春景色，又融入诗人合理的想象，与原画相得益彰。第二首诗题“飞雁图”，对大雁北飞融入人的感情，侧面表现了江南春美。

首句“竹外桃花三两枝”，隔着疏落的翠竹望去，几枝桃花摇曳身姿。桃竹相衬，红绿掩映，春意格外惹人喜爱。虽然只是简单的一句，却透露出很多信息。诗的第二句“春江水暖鸭先知”，视觉由远及近，从江岸到江面。江上春水荡漾，好动的鸭子在江水中嬉戏游玩。“鸭先知”侧面说明春江水还略带寒意，而别的动物都还没有感知到春天的来临，这就与首句中的桃花“三两枝”相呼应，表明早春时节。诗的三、四两句：“蒌蒿满地芦芽短，正是河豚欲上时”，这两句诗仍然紧扣“早春”来进行描写，那满地蒌蒿、短短的芦芽，黄绿相间、艳丽迷人，呈现出一派春意盎然、欣欣向荣的景象。

苏轼的学生张耒在《明道杂志》中也记载了长江一带的人食河豚，“但用蒌蒿、荻笋（即芦芽）、菘菜三物”烹煮，认为这三样与河豚最适宜搭配。由此可见，苏轼的联想是有根有据的，也是自然而然的。

文学与生活

苏轼一生颠沛流离，但却不改乐观旷达的心态。他每被贬谪一地，什么都不去多想，先记录或者描述吃的东西，至今留下了《猪肉颂》《菜羹赋》等名作，在中国饮食文化史上，苏轼成为不可忽略的重要人物。他所到之处，传下了东坡肘子、东坡豆腐、东坡玉糁、东坡腿、东坡芽脍、东坡墨鲤、东坡饼、东坡酥、东坡肉等美食及典故。对于美食，苏轼好像都没有错过。他热爱美食、喜好烹饪，创作了大量关于饮食的篇章。《苕溪渔隐丛话》云：“东坡于饮食，作诗赋以写之，往往皆臻其妙。”这些篇章不仅数量多，而且质量高，在记述日常生活的同时，寄托着作者对人生的感悟，表现出浓厚的生命意识。

学生是学习烹饪制作技艺的，除了要学会制作，还要学会写，把烹饪与人生感悟结合起来，你的境界会有很大的提升。课后背诵一下这篇小诗，查找一下七言绝句的着笔方法。

问题指南

思考

这是一首题画诗，对照译文，我们仿佛看到了这幅画：竹子一片，桃花疏疏落落三两枝，横出竹林外，临水而开。苍翠竹幕上点缀着数枝猩红桃花，分外艳丽。春来冰开，群鸭戏水。画中既有竹子桃花等自然景色的静穆，又有鸭子戏水的活泼动态，动静和谐，一幅画图宛然呈现眼前。

苏轼在诗词、文章、书法、绘画等各方面都有很大成就，其诗词往往几笔就将事物和心境概括，想一想，这首诗描写了什么时候的景色？出现了哪些景物？有什么好吃的？给人什么样的感受？

评价

课后收集有关资料，了解和评价一下苏轼。

扩展

将苏轼的生平列个表，看一下他到过哪些地方？

文学寻味

借助资料整理，查找一下苏轼留下了哪些关于美食的经典诗文，归纳总结并认真思考与他的人生经历有什么关联？

【语文实践活动】

// 我来搜佳句 //

活动设计

通过本次任务的学习，知道了我国泱泱大国几千年，对于美食的描述太多太丰富了，像这样的佳句数不胜数，简直美不可言。苏轼和陆游只是其中的两位，今天我们开展这次语文实践活动，就是要学生在古典文学中去收集撷取名篇名句，并进行课上展示。

活动目标

通过实践，展现博大精深的中华饮食文化，熟悉优美的美食诗文，从而更加热爱美食及美食诗文，更加热爱自己的祖国和家乡。

活动准备

1. 将班上学生（以 45 人计）分成 5 ~ 8 组，每组 5 ~ 8 人。每组学生课后查阅资料，收集相关的古诗名句。

2. 各小组对资料进行分类归纳，然后做成卡片，以抢答题的形式在台上进行抢答，答得越多，分值越高。

3. 每组选派一个代表作为评委团成员，再选出 1 ~ 2 位学生作为主持人，负责评分或组织活动。

4. 准备评分表及计时器。

活动步骤

1. 主持人和评委团成员就位，分组成员确定（可提前分组）。

2. 宣布活动规则。

3. 以两组对决的方式进行对答、抢答，答得多、正确率高的一组胜出。

4. 评委打分，评出找得多、正确率高、表现最积极的前三组。

5. 最后老师进行点评。

活动评价

对学生的表现和收集资料的情况进行评价，进而评价美食诗词。希望学生努力掌握语言文字，描绘出美好的美食人生。

活动反思

对活动进行反思，鼓励没有取得好成绩的组，并帮助其分析查找原因，也希望没有认真准备的学生要积极行动起来。

【拓展阅读】

游山西村

陆　游

莫笑农家腊酒[①]浑[②]，
丰年留客足鸡豚[③]。
山重水复[④]疑无路，
柳暗花明[⑤]又一村。
箫鼓[⑥]追随春社[⑦]近，
衣冠简朴古风存。
从今若许[⑧]闲乘月[⑨]，
拄杖无时[⑩]夜叩门[⑪]。

【注释】

①腊酒：腊月里酿造的酒。
②浑：浑厚；丰盛。
③足鸡豚：意思是准备了丰盛的菜肴。足，足够。豚，小猪，本诗中指猪肉。
④山重水复：一座座山、一道道水重重叠叠。
⑤柳暗花明：柳色深绿，花色红艳。
⑥箫鼓：吹箫打鼓。
⑦春社：古代把立春后第五个戊日作为春社日，拜祭社公（土地神）和五谷神，祈求丰收。
⑧若许：如果这样。
⑨闲乘月：有空闲时趁着月光。
⑩无时：没有一定的时间，即随时。
⑪叩门：敲门。

【译文】

正值丰年，朴素的农家自酿腊酒，杀鸡宰猪殷勤待客，可别笑话那酒浆浑浊，酒香中溢出的农家热情早已使人心驰神往。

寻寻觅觅，山峦重重叠叠，溪流迂回曲折，似已无路可走，继续前行，忽然柳树茂密，山花鲜艳，又一村庄出现在眼前。

春社祭祀的日子近了，村里吹箫打鼓的热闹起来了，农家人布衣毡帽，淳厚的古风犹存，好一派清新古朴的乡村风貌！

从今后，若是你（农家）同意我随时来拜访，闲来时我将会拄着拐杖，踏着月色，前来叩门。

阅读导引

陆游，字务观，号放翁，越州山阴（今浙江绍兴）人，南宋文学家、史学家、爱国诗人。陆游生逢北宋灭亡之际，少年时即深受家庭爱国思想的熏陶。宋高宗时，参加礼部考试，因受宰臣秦桧排斥而仕途不畅。宋孝宗时赐进士出身。中年入蜀，投身军旅生活。嘉泰二年（1202 年），宋宁宗诏陆游入京，主持编修孝宗、光宗《两朝实录》和《三朝史》，官至宝章阁待制。晚年退居家乡。创作诗歌今存 9000 多首，内容极为丰富。著有《剑南诗稿》《渭南文集》《南唐书》《老学庵笔记》等。

陆游是有名的美食家，他经常将行游时的吃喝等融入诗中。本文选取的《游山西村》就是一首游记抒情诗，抒写江南农村日常生活。诗人紧扣诗题“游”字，但又不具体描写游村的过程，而是剪取游村的见闻来体现无尽的游兴。全诗首写诗人出游到农家，次写村外之景物，复写村中之情事，末写频来夜游。所写虽各有侧重，但以游村贯穿，把秀丽的山村自然风光与淳朴的村民习俗和谐地统一在完整的画面中，构成了优美的意境和恬淡、隽永的格调。以普通题材写出新巧立意，辞藻不华丽，自然成趣。

学习了这首诗，学生可以用平实的语言来描述自己制作的美食，或与他人分享自己的美食经历，或欣赏别人制作的美食。美食与生活不可分离，大家要做生活的亲历者，也要做观察者。陆游写生活小景的诗，以小见大，能感动人。来自农村的学生可以将家乡的民风民俗收集起来，作为写作的素材。课后请收集陆游的美食诗歌，思考陆游通过美食写出了怎样的人生和心境。

任务三

【文本阅读】

吃　饭

钱钟书

吃饭有时很像结婚，名义上最主要的东西，其实往往是附属品。吃讲究的饭事实上只是吃菜，正如讨阔佬的小姐，宗旨倒并不在女人。这种主权旁移，包含着一个转了弯的、不甚朴素的人生观。辨味而不是充饥，变成了我们吃饭的目的。舌头代替了肠胃，作为最后或最高的裁判。不过，我们仍然把享受掩饰为需要，不说吃菜，只说吃饭，好比我们研究哲学或艺术，总说为了真和美可以利用一样。有用的东西只能给人利用，所以存在；偏是无用的东西会利用人，替它遮盖和辩护，也能免于抛弃。柏拉图在《理想国》里把国家分成三等人，相当于灵魂的三个成份；饥渴吃喝是灵魂里最低贱的成份，等于政治组织里的平民或民众。最巧妙的政治家知道怎样来敷衍民众，把自己的野心装点成民众的意志和福利；请客上馆子去吃菜，还顶着吃饭的名义，这正是舌头对肚子的藉口，彷佛说："你别抱怨，这有你的份！你享着名，我替你出力去干，还亏了你什么？"其实呢，天知道——更有饿瘪的肚子知道——若专为充肠填腹起见，树皮草根跟鸡鸭鱼肉差不了多少！真想不到，在区区消化排泄的生理过程里还需要那么多的政治作用。

古罗马诗人波西蔼斯（Persius）曾慨叹说，肚子发展了人的天才，传授人以技术（Magister artising enique largitor venter）。这个意思经拉柏莱发挥得淋漓尽致[①]，《巨人世家》卷三有赞美肚子的一章，尊为人类的真主宰、各种学问和职业的创始和提倡者，鸟飞，兽走，鱼游，虫爬，以及一切有生之类的一切活动，也都是为了肠胃。人类所有的创造和活动（包括写文章在内），不仅表示头脑的充实，并且证明肠胃的空虚。饱满的肚子最没用，那时候的头脑，迷迷糊糊，只配作痴梦；咱们有一条不成文的法律：吃了午饭睡中觉，就是有力的证据。我们通常把饥饿看得太低了，只说它产生了乞丐，盗贼，娼妓一类的东西，忘记了它也启发过思想、技巧，还有"有饭大家吃"的政治和经济理论。德国古诗人白洛柯斯（B.H.Brockes）做赞美诗，把上帝比作"一个伟大的厨师傅（dergross Speisemeister）"，做饭给全人类吃，还不免带些宗教的稚气。弄饭给我们吃的人，决不是我们真正的主人翁。这样的上帝，不做也罢。只有为他弄了饭来给他吃的人，才支配着我们的行动。譬如一家之主，并不是挣钱养家的父亲，倒是那些乳臭未干、安坐着吃饭的孩子；这一点，当然做孩子时不会悟到，而父亲们也决不甘承认的。拉柏莱的话似乎较有道理。试想，肚子一天到晚要我们把茶饭来向它祭献，它还不是上帝是什么？但是它毕竟是个下流不上台面的东西，一味容纳吸收，不懂得享受和欣赏。人生就因此复杂了起来。一方面是有了肠胃而要饭去充实的人，另一方面是有饭而要胃口来吃的人。第一种人生观可以说是吃饭的；第二种不妨唤作吃菜的。第一种人工作、生产、创造，来换饭吃。第二种人利用第一种人活动的结果，来健脾开胃，帮助吃饭而增进食量。所以吃饭时要有音乐，还不够，就有"佳人"、"丽人"之类来劝酒；文雅点就开什么销寒会、销夏会，在席上传观法书名画；甚至赏花游山，把自然名胜来下饭。吃的菜不用说尽量讲究。有这样优裕的物质环境，舌头像身体一般，本来是极随便的，此时也会有贞操和气节了；许多从前惯吃的东西，现在吃了彷佛玷污[②]清白，决不肯再进口。精细到这种田地，似乎应当少吃，实则反而多吃。假使让肚子作主，吃饱就完事，还不失分寸。舌头拣精拣肥[③]，贪嘴不顾性命，结果是肚子倒霉受累，只好忌嘴，舌头也只能像李逵所说"淡出鸟来"。这诚然是它馋得忘了本的报应！如此看来，吃菜的人生观似乎欠妥。

不过，可口好吃的菜还是值得赞美的。这个世界给人弄得混乱颠倒，到处是磨擦冲突，只有两件最和谐的事物总算是人造的：音乐和烹调。一碗好菜彷佛一只乐曲，也是一种一贯的多元，调和滋味，使相反的分子相成相济，变作可分而不可离的综合。最粗浅的例像白煮蟹和醋，烤鸭和甜酱，或如西菜里烤猪肉（Roastpork）和苹果泥（Applesauce）、渗鳖[4]鱼和柠檬片，原来是天涯地角、全不相干的东西，而偏偏有注定的缘份，像佳人和才子，母猪和癞象，结成了天造地设的配偶、相得益彰[5]的眷属。到现在，他们亲热得拆也拆不开。在调味里，也有来伯尼支（Leibniz）的哲学所谓“前定的调和”（Harmonia praes tabilita），同时也有前定的不可妥协，譬如胡椒和煮虾蟹、糖醋和炒牛羊肉，正如古音乐里，商角不相协，徵羽[6]不相配。音乐的道理可通于烹饪，孔子早已明白，所以《论语》上记他在齐闻《韶》，“三月不知肉味”。可惜他老先生虽然在《乡党》一章里颇讲究烧菜，还未得吃道三昧[7]，在两种和谐里，偏向音乐。譬如《中庸》讲身心修养，只说“发而中节谓之和”，养成音乐化的人格，真是听乐而不知肉味人的话。照我们的意见，完美的人格，“一以贯之”的“吾道”，统治尽善的国家，不仅要和谐得像音乐，也该把烹饪的调和悬为理想。在这一点上，我们不追随孔子，而愿意推崇被人忘掉的伊尹。伊尹是中国第一个哲学家厨师，在他眼里，整个人世间好比是做菜的厨房。《吕氏春秋·本味篇》记伊尹以至味说汤那一大段，把最伟大的统治哲学讲成惹人垂涎[8]的食谱。这个观念渗透了中国古代的政治意识，所以自从《尚书·顾命》起，做宰相总比为“和羹调鼎”，老子也说“治国如烹小鲜”。孟子曾赞伊尹为“圣之任者”，柳下惠为“圣之和者”，这里的文字也许有些错简。其实呢，允许人赤条条相对的柳下惠，该算是个放“任”主义者。而伊尹倒当得起“和”字——这个“和”字，当然还带些下厨上灶、调和五味的涵意。

吃饭还有许多社交的功用，譬如联络感情、谈生意经等等，那就是“请吃饭”了。社交的吃饭种类虽然复杂，性质极为简单。把饭给自己有饭吃的人吃，那是请饭；自己有饭可吃而去吃人家的饭，那是赏面子。交际的微妙不外乎此。反过来说，把饭给予没饭吃的人吃，那是施食；自己无饭可吃而去吃人家的饭，赏面子就一变而为丢脸。这便是慈善救济，算不上交际了。至于请饭时客人数目的多少，男女性别的配比，我们改天再谈。但是趣味洋溢的《老饕年鉴》（Almanachdes Courmands）里有一节妙文，不可不在此处一提。这八小本名贵希罕的奇书，在研究吃饭之外，也曾讨论到请饭的问题。大意说：我们吃了人家的饭该有多少天不在背后说主人的坏话，时间的长短按照饭菜的质量而定；所以做人应当多多请客吃饭，并且吃好饭，以增进朋友的感情，减少仇敌的毁谤。这一番议论，我诚恳地介绍给一切不愿彼此成为冤家的朋友，以及愿意彼此变为朋友的冤家。至于我本人呢，恭候诸君的邀请，努力奉行猪八戒对南山大王手下小妖说的话：“不要拉扯，待我一家家吃将来。”

（节选自钱钟书《写在人生边上》）

【注释】

①淋漓尽致：形容文章或说话表达得非常充分、透彻，或非常痛快。

②玷污：弄脏；污损。比喻名誉受污损。

③拣精拣肥：比喻挑剔，苛求。

④鳖：海鱼名。

⑤相得益彰：指两个人或两件事物互相配合，双方的能力和作用更能显示出来。相得，互相配合、映衬。益，更加。彰，显著。

⑥徵羽：和前面的“商、角”一起组成“宫、商、角、徵、羽”，即我国古乐中的五音，类似现在简谱中的1，2，3，5，6，即宫相当于1（do），商相当于2（re），角相当于3（mi），徵相当于5（sol），羽相当于6（la）。

⑦三昧：佛教用语，意思是止息杂念，使心神平静，是佛教的重要修行方法。借指事物的要领，真谛。

⑧垂涎：因想吃到而流下口水，比喻贪婪或十分羡慕。

阅读导引

钱钟书，字默存，号槐聚，曾用笔名中书君，江苏无锡人，现代文学研究家、作家、文学史家、古典文学研究家、学者。19岁考清华，数学只得了15分，因中英文特优，清华校长罗家伦破格录取了他。1935年和作家、翻译家杨绛结婚，后同赴英留学。1937年毕业于英国牛津大学，获博士学位。旋赴法国巴黎大学进修法国文学。1941年曾羁居于沦陷的上海，创作颇丰。1949年于清华任教。1953年调中国文学研究所。1969年与杨绛同下到河南“五七干校”。1972年回京。

钱钟书才华横溢，精通古今中外的学问，精通六种语言，他的记忆力像照相机一般，过目不忘，他的头脑被誉为“20世纪最具智慧的头脑”、“文化昆仑”、当代“第一博学鸿儒”等。

文学与生活

《吃饭》体现了钱钟书纵横捭阖、针砭时事的青春朝气和才华，是典型的学者散文。所谓学者散文，大都有较强的知识性，主旨不在于表情写景，而是议论、说理和达意。它不是以情感人，而是以理服人，以智启人。钱钟书的散文正是以思想的睿智见长。他好像是把博大的知识海洋融会贯通，浓缩成涓涓清泉和深不可测的一潭清水。

《吃饭》文如其人，智慧而尖锐，旁征博引、学贯中西，幽默风趣，调侃之间道出人间百态。

问题指南

思考

本文借“吃饭”为题发表议论。意趣并非“吃饭”本身，也非就吃论吃，而是巧借“吃饭”的由头，通过各种联想和比喻，批判性和讽刺性地发表对社会人生诸种现象和问题的看法。想一想，作者是如何进行讽刺的？

试着找找本文中幽默、比喻的句式做成卡片，贴在笔记本上。

评价

作者从现实生活的人情世态到抽象的人生观理论，从古希腊的柏拉图、古罗马的波西藹斯到中国的伊尹、老子，从政治到经济，从音乐到烹调，作者似乎信手拈来，但却处处涉笔成趣，让读者感受到知识和智慧的魅力。

扩展

钱钟书是学贯中西的学者，课后读一读他的书，感受其语言风格。拓展自己的文学见识，提升自己的文学素养。

文学寻味

在作者看来，综合调剂，和谐统一（“调和滋味，使相反的分子相成相济，变作可分而不可离的综合”），不仅是厨师做菜的精髓所在，也是中华民族的艺术见解，更是中国许多政治家的理政之道。像厨师一样善于综合调剂，使多种物料相互浸润、化解，变革和融合到非常和谐的最佳效果。

学习烹饪到了得心应手的地步，就会悟出很多道理，将其和人生联系起来，收获一定很大。试着将自己的烹饪人生作一个合理的规划，在语文活动中进行分享。

【语文实践活动】

// 我来秀文化 //

活动设计

中国饮食文化博大精深，在中华民族生存繁衍的这块土地上，各族勤劳的人民创造了多姿多彩的饮食文化。与饮食相关的各种文化也随之兴盛，如酒文化、茶文化、宴席文化、礼仪文化等，甚至影响了中国周边的各国人民，使周边各国也形成了与中华饮食相似的文化，甚至与西方饮食文化有了质的区别。今天我们来展示一下饮食文化及其相关文化，要求学生运用网络等现代信息技术手段，查找相关内容，做成笔记、卡片或 PPT，进行展示并评价打分。

活动目标

文化是永恒的话题，通过展示自己的饮食文化及其相关文化，使学生增强对饮食文化的兴趣，从而更加坚定文化自信，热爱中华文化。同时培养学生主动学习的能力，提升自己的人文素养。

活动准备

1. 学生分成5～6个小队，每队选出一个小队长，在老师所列任务单中选取一个任务主题，不可重复。

任务主题1：酒文化（中国、西方国家异同）

任务主题2：茶文化

任务主题3：宴席文化（中国、西方国家异同）

任务主题4：餐饮中的礼仪文化（中国、西方国家异同）

任务主题5：中西方国家饮食文化发展史和内涵

任务主题6：中国饮食和东南亚国家饮食的风味流派

2. 每队围绕自己队所取的“文化”名号进行课前收集准备，并制作相关的展示内容。

3. 每队选出一个队员进行介绍，做好活动前的表达等准备工作。

4. 每队选出一个队员组成评委组，对各队活动的表现进行评分。

5. 选出1～2人（男、女各一人）作为主持人，进行相关的主持准备。

6. 制订评分办法。

7. 了解一些有关饮食文化方面的知识。

活动步骤

1. 以队为单位，各队派代表上台展示，分别介绍自己队的作品。

2. 各队联系自己所属“文化”，说说各种不同的文化及文化现象。

3. 将自己队收集的内容做成小论文。

活动评价

“我来秀文化”活动评价表

小组名称	队员积极投入、协作状态好（10分）	内容丰富完整（65分）	表达流畅、自然不怯场（10分）	评分队员认真、公平、评分合理（15分）	总分

活动反思

让学生分组进行课前准备，使学生积极投入饮食文化相关内容的收集中去，鼓励学生积极动手，积极思考，积极秀出自我，从而熟悉饮食文化及相关文化类型，热爱饮食文化，做中华饮食文化的创造者、传播者，使自己的人文素养得到熏陶和洗礼，树立文化自信。

【拓展阅读】

稻草变黄金：日常生活中的蜕变

桑德拉·西斯内罗斯

当我住在法国南部的一个艺术家聚居区的时候，几个在埃塞克斯[①]的大学教书的拉美朋友请我去和他们一起吃一顿自己家里做的饭。我那时靠一笔国家艺术捐助金已经在外国生活了近一年，为了让这笔钱能坚持更长时间，所以我基本上只以法国面包和扁豆果腹[②]。因此在收到这次晚餐的邀请时，我毫不犹豫地接受了。尤其是因为他们答应会有墨西哥菜。

我当时没有意识到的是，他们在发出这个邀请的时候认为我也会一起做这顿饭。我猜他们因为我是个墨西哥人，所以以为我知道怎么做墨西哥菜。他们特别想吃玉米圆饼，可我这辈子从来没做过一个玉米圆饼。

我确实亲眼看到过我母亲把一堆小生面团擀成完美的圆形，但是我母亲的家庭是从嘎那华多[③]来的，是乡下人，他们只知道怎么做面粉圆饼。和他们不同，我父亲的家庭则是从墨西哥城来的城里人。我们也吃玉米圆饼，不过我们不自己做。家里人会到街角的圆饼店去买，我从来没见过任何人做玉米圆饼，从来没有。

哎，我的拉丁主人们不知用什么办法弄来一小袋玉米粉，他们把这袋面粉扔给我，命令我做出玉米圆饼来。随便做吧，他们说了这句话，就回去做他们自己的饭了。

我怎么觉得我好像是那个神话故事里被锁在一个房间里，被命令把稻草纺成黄金的女人[④]一样呢？当我被要求写美术硕士学位考试中心的评论文章时，我也有同样难受的感觉——那是我要获得毕业学位而必须写的唯一一篇非创造性的文章。我应该怎么开始呢？这种文章有一定的规则，而不是像我凭直觉写诗或写故事那样。这种文章还需要有一步步的过程，我最好能知道这些。我觉得做玉米圆饼或是那样写一篇评论文章是完全不可能完成的任务，我都要哭出来了。

然而，不知用什么办法，我还是做出了那些玉米圆饼——歪歪扭扭、烧煳了的，但是可以吃。我的主人们对墨西哥饭菜绝对一点也不了解；他们觉得我做的玉米圆饼很好吃。（我真高兴当时我妈妈不在那儿。）现在回想当初，再看到记录我们三个大吃那些毫不匀称的圆饼的照片，我感到很好笑。同样让我感到好笑的是，我居然完成了我的美术硕士学位考试文章（也是不匀称的、歪歪扭扭的，但是同样完成了）。没想到我能做到。可我做到了。

在我的一生中我努力做到了很多我没想到自己能做到，其他很多人也没想到我能做到的事情。特别因为我是个女人，一个拉丁人，一个有六个男孩的家庭中唯一的女儿。我爸爸很久以前就希望看到我嫁出去了。按照我们的习俗，男人和女人都只有通过婚姻才能离开他们父亲的房子。然而我却只用自己的两只脚在我父亲的门槛上跨进跨出，没有任何其他东西带着我。一个没人来接也没人赶走的女人。

更糟糕的是，我比六个兄弟更早地冒险离开了家。我打破了一个可怕的禁忌⑤。不知为什么，当我回顾童年的照片时，我很想知道我当时是否意识到了我已经开始了自己那场安静的战争。

我认为我的家庭，我的墨西哥血统和我的贫穷从某种意义上都与将我塑造成一名作家有所关联。我认为我的父母一直在把我培养成为一名艺术家，虽然他们自己并不知道。我从父亲身上遗传了一种对四处漫游的热爱。他出生在墨西哥城，然而年轻时，他就来到美国四处游荡。最后他被征入军队，就这样成了一名美国公民。他讲过一些关于他几乎不会英语时在美国的前几个月的故事，我把这些写进了《芒果街上的小屋》中的故事里，它们也会出现在我计划将来写的其他故事中。我还从他身上继承了一颗多愁善感的心。（现在他看墨西哥肥皂剧的时候还会哭——尤其是关于孩子遗弃父母的。）

我母亲和我一样——出生在芝加哥，但是具有墨西哥血统。她那强硬而又对一切都了然于胸的声音充斥在我所有的故事和诗中。她是一个热爱画画和读书，并且能唱出一部歌剧的令人惊讶的女人，一个聪明的人。

在我小时候，我们去墨西哥城的次数是那么多，以至于我以为我祖父母在命运街12号的房子是我们的家。那是在我们从一所芝加哥公寓到另一所游牧的漫游中唯一固定的去处。德贝亚克区，命运街12号的那所房子可能是我知道的唯一的家，而那种对一个家的怀旧之情将会成为萦绕我心的一个主题。

我的兄弟们在我的作品中也经常出现，尤其是最大的两个，我是在他们的影子里长大的。亨利是我的二哥，也是我最喜欢的兄弟，他经常出现在我写的诗和故事里，有时我在故事里只借用他的绰号“奇奇”。他在我的童年时代占有非常重要的地位。我们是睡上下铺的伙伴，我们是同谋者，我们是好朋友。直到我大哥从墨西哥学习回来，他们才开始把我这个女性排斥在外。

我的老师们如果知道我成了一名作家，他们会说什么呢？谁会猜得到呢？我不是个非常聪明的学生。我也不是很喜欢学校，因为我们经常搬家，所以我总是新学生，看起来又可笑。在我五年级的成绩单上，我得到的只是一大堆C和D，可是我不记得我有那么笨。我擅长艺术，读了很多图书馆里的书，而且我所有的笑话都能把奇奇逗得哈哈大笑。在家里我很好，可是在学校我却沉默寡言，除非有老师叫到我，只要有第一次我就会说上一整天。

当我开始考虑怎样看待自己时，那应该是在11岁。我知道从外表来看，我已经32

岁了，但是在内心里我还是11岁。我是照片里那个胳膊骨瘦如柴、穿着皱巴巴的衬衫、头发弯曲的女孩。我以前不喜欢学校就是因为他们看到的都只是我的外表。学校规则很多，双手叠放在一起坐着，让我无时无刻不提心吊胆。我喜欢看着窗户外面思考。我喜欢盯着过道对面的女孩看，用红墨水一遍又一遍地写下她的名字。我还奇怪坐在我前面的那个领子很脏的男孩为什么没有一个能把他收拾得好一些的妈妈。

我认为我的爸爸妈妈尽了最大的努力使我们保持暖和干净，从不挨饿。我们有生日晚会、毕业晚会以及类似的东西，但是还有一种渴望需要满足。这是一种我无法名状的渴望。这就是我开始写作时的那种渴望吧?

1966年，我们搬进了一所房子，一所真正的房子，我们的第一个真正的家。这就意味着我们不用每隔两三年就更换学校，变成街区里新来的孩子了。我们可以放心交朋友，不必害怕又得和他们告别，一切从头开始了。我的兄弟们和他们带回家来的那群男孩最终将成为我的故事中的重要人物——路易和他的堂兄弟，梅姆·澳替兹和他有两个名字的狗，一个英语名字和一个西班牙名字。

我妈妈的才能在属于自己的家里得到了充分的发展。她从图书馆里借书，自学了园艺。她种出的花受到了很多人的羡慕，以至于我们不得不在大门上加一把锁来挡住半夜的偷花贼。直到现在我妈妈还在继续种花。

那就是我在《芒果街上的小屋》里记录下来的我人生中的那段时期。在那个棘手的时期里你既是个孩子又是个女人，然而又两者都不是。我仍然很害羞。我是一个无法从自己的贝壳里走出来的女孩。

我怎么知道将来会记录和描写那些把所有的悲伤都一肩挑，向窗外凝视的女人呢?我后来记录的就是芝加哥的城市街道，只不过是从一个孩子的角度。

从那里到现在，我已经做过了各种我没想到自己能做到的事情。我进了一所享有声望的大学，和著名的作家们一起学习，还获得了一个美术硕士学位。我在伊利诺伊和得克萨斯的学校里教授过诗歌。我得到了一笔国家艺术捐助金，靠着它跑到了我的勇气能允许的最远的地方。我看到了伯罗奔尼撒的白茫茫的、严寒的山脉。我在一个希腊小岛上生活过。在拉帕罗，我仅此一次地遇到了依欧那，并且带着她那颗悲伤的心穿过法国南部，到了西班牙。

我在南斯拉夫住过。我到过那歌剧院后面著名的尼斯花市。我曾经住在前阿尔卑斯的一个小村里，亲眼目睹了骑马人日常的游行队伍。

离开欧洲之后，我又搬到了得克萨斯那偏远而又奇妙的乡村，那有着偏光蓝的天空和大甲虫的土地。我遇到了一个和我同姓的市长，见到了著名的墨西哥裔美国艺术家、作家和政治家。

得克萨斯是我生活中的又一篇章。它带来了多比—佩萨诺会员资格，在一个265英亩的牧场上居住六个月的资格。然而最重要的是，得克萨斯使墨西哥回到了我身边。

坐在我最喜欢的看人的地方，从阿拉莫穿过大街的弯弯曲曲的沃尔沃茨柜台，我想不出除了当一名作家外还有什么是我更愿意做的。我从考德海角到旧金山、西班牙、南斯拉夫、希腊、墨西哥、法国、意大利，一路旅行讲课，直到今天最后到了得克萨斯的塞金。这一路上，有随手可拾的稻草，加上一点儿想象，就能变成黄金。

【注释】

①埃塞克斯：法国东南部的一个城市。

②果腹：吃饱肚子。

③嘎那华多：墨西哥中部的一个州。

④把稻草纺成黄金的女人：应是《格林童话》中的故事，见《侏儒妖》。

⑤禁忌：被禁止或忌讳的言行。

阅读导引

桑德拉·西斯内罗斯出生在芝加哥的一个很大的墨西哥裔美国家庭中。由于西斯内罗斯的家庭很贫穷，所以她经常搬家，并且一生中的大多数时间都住在狭小拥挤的公寓里。她对待这种情况的方法就是退缩在自己的小天地里，用大量时间来阅读神话故事和经典文学作品。西斯内罗斯先在芝加哥的洛尤拉大学就读，然后参加了依欧瓦大学的作家研讨班。她的书《芒果街上的小屋》（1984 年）只取得了一般性的成功，然而，她后来的作品《喊女溪》（1991 年）赢得了评论界的赞扬，并得到了广泛的认可。

文学与生活

西斯内罗斯喜欢通过生活语言来表达道理，而且这些道理浅显易懂。生活中我们面对着柴米油盐的担心，甚至有不如意的事情，我们要积极面对，想办法解决。

西斯内罗斯是你想认识的人吗？为什么？在这篇散文里，作者生活中的哪个阶段对塑造她的写作发挥了最重要的作用？

在中国人的观念中稻草变黄金是不可思议的事情，这篇文章中，作者是怎样实现“稻草”纺成“黄金”的？

能不能分享一下，在生活中有人认为你做不到的事，你却做到了。说来大家听听，并说说你如何做到的，有什么启示。

问题指南

思考

通过做玉米圆饼的故事，作者试图说明什么道理？进一步想一下作者的这个故事是如何和其他部分连接起来的？

这篇散文表现出西斯内罗斯怎样的想象力和对细节的敏锐观察力？

举例说明这篇文章表达了什么样的主题？

评价

作者是墨西哥裔移民，生活不是很富裕，但作者没有放弃奋斗，这些文中没有直接表达出来，只是说“加上一点儿想象，（稻草）就能变成黄金”，你同意她这个说法吗？

扩展

“人生不如意十之八九”，人生并不是一帆风顺的，要达到目标需要通过百分之百的努力和汗水，我们需要调整情绪去面对挫折与失败。把作者的观念移植到我们自己的生活中去，支撑和鼓励我们走出一条属于自己的天地。

文学寻味

作者通过做玉米圆饼的小事，从吃这件事上展开了对自己人生历程的追记，学生也要善于从生活小事中去发现闪光的东西。因为我们身边并不缺乏美，我们要训练出发现美的眼睛。

任务四

【文本阅读】

须知单

袁　枚

先天须知

凡物各有先天，如人各有资禀。人性下愚，虽孔、孟教之，无益也；物性不良，虽易牙[①]烹之，亦无味也。指其大略：猪宜皮薄，不可腥臊；鸡宜骟嫩，不可老稚；鲫鱼以扁身白肚为佳，乌背者，必崛强于盘中；鳗鱼以湖溪游泳为贵，江生者，必槎枒[②]其骨节。谷喂之鸭，其膘肥而白色；壅土之笋，其节少而甘鲜。同一火腿也，而好丑判若天渊；同一台[③]鲞[④]也，而美恶分为冰炭。其他杂物，可以类推。大抵一席佳肴，司厨之功居其六，买办之功居其四。

迟速须知

凡人请客，相约于三日之前，自有工夫平章百味。若斗然客至，急需便餐，作客在外，行船落店，此何能取东海之水，救南池之焚乎？必须预备一种急就章[⑤]之菜，如炒鸡片、炒肉丝、炒虾米豆腐及糟鱼、茶腿之类，反能因速而见巧者，不可不知。

变换须知

一物有一物之味，不可混而同之。犹如圣人设教，因才乐育，不拘一律。所谓君子成人之美也。今见俗厨，动以鸡、鸭、猪、鹅一汤同滚，逐令千手雷同，味同嚼蜡⑥。吾恐鸡、猪、鹅、鸭有灵，必到枉死城⑦中告状矣。善治菜者，须多设锅、灶、盂、钵之类，使一物各献一性、一碗各成一味。嗜者舌本应接不暇，自觉心花顿开。

（选自袁枚《随园食单》）

【注释】

①易牙：春秋时期齐国名厨。

②槎枒：树木枝杈错杂、参差不齐的样子。

③台：浙江台州。

④鲞：剖开晾干的鱼。

⑤急就章：为了应付需要，匆忙完成的作品或事情。

⑥味同嚼蜡：表面意思是像吃蜡一样，没有一点儿味。形容语言或文章枯燥无味。

⑦枉死城：枉死（即不是寿终正寝，而是由于自杀、灾害、战乱、意外、谋杀、被害等含冤而死）之人的鬼魂在阴间所居之处。这是一种迷信的说法。

阅读导引

袁枚，字子才，号简斋，晚年自号苍山居士，世称随园先生，钱塘（今浙江杭州）人，清代诗人、诗论家、美食家。袁枚一生著述颇丰，著有《小仓山房集》《随园诗话》《新齐谐》《随园食单》等。散文代表作《祭妹文》，哀婉真挚，流传久远。

《随园食单》是我国系统地论述烹饪技术和南北菜点的重要著作，也是提高烹饪技术、研究传统菜点以及烹制方法的指导性书籍。该书以文言随笔的形式，细腻地描摹了乾隆年间江浙地区的饮食状况与烹饪技术，用大量的篇幅详细记述了14—18世纪流行于我国的326种南北菜肴饭点，介绍了当时的美酒名茶，是一部非常重要的中国饮食名著，也是袁枚40年美食实践的产物。

文学与生活

汪曾祺《写字·画画·做饭》中写道：“在我所看到的闲书中，食谱占一个重要地位。食谱中写得最好的，我以为还得数袁子才的《随园食单》。这家伙确实很会吃，而且能说出个道道。如前面所说：‘有味者使之出，无味者使之入’，实是经验的总结；‘荤菜素油炒，素菜荤油炒’，尤为至理名言。”可见袁枚的《随园食单》值得我们烹饪专业的学生学习。你能从“大抵一席佳肴，司厨之功居其六，买办之功居其四”“今见俗厨，动以鸡、鸭、猪、鹅一汤同滚，逐令千手雷同，味同嚼蜡”等语句中，联系生活思考烹饪方法的变化吗？

问题指南

思考

“物性不良，虽易牙烹之，亦无味也。”作为美食家的袁枚在此强调了烹饪时要注意什么？

评价

“今见俗厨，动以鸡、鸭、猪、鹅一汤同滚，逐令千手雷同，味同嚼蜡”，评价一下袁枚的烹饪观点。

扩展

“大抵一席佳肴，司厨之功居其六，买办之功居其四。”这句话说明了烹饪之外选原材料的重要性。不会烹饪的人，一定也不会选原材料，不懂得识别原材料的新鲜程度与季节性。例如，不知道五花肉有上五花和下五花之分，不了解猪前排与后排的奥妙，挑选新上市的糯玉米一定会把叶子剥个精光，也肯定会偷懒买摊主已经剥好的南瓜苗。请联系自己的生活讨论一下，生活中的原材料哪个季节最新鲜，口感最好。

文学寻味

“若斗然客至，急需便餐，作客在外，行船落店，此何能取东海之水，救南池之焚乎？”你是否遇到过这样的情形？你是怎么解决这个难题的？

【语文实践活动】

//我来取菜名//

活动设计

在美食文学中认识了古人的饮食观念，文学与具体的烹饪相结合，带来审美情趣。菜名如同餐饮行业的眼睛，这是汉语言烹饪文化语境中的一种常规语言现象。好的菜名赋予了许多美好的愿望与期许，顾客容易记住，也富有特色。此活动旨在感受富有中国特色的饮食文化语言。自己制作菜单，每一个菜肴取一个符合宴会主题的名字，并说明取名的依据。

活动目标

1. 了解取菜名的方法和技巧（运用修辞手法和古诗句）。

2. 通过收集婚宴、满月宴（百日宴）、寿宴、年夜饭的菜单，了解主题菜单中选菜和取名的特点。

3. 具备概括菜肴特点的能力，把菜肴的特点和文学结合，培养联想和想象能力。

活动准备

1. 分组。全班（以 45 人计）分为 4 组，组内两人自由结合成小队。一个大组选定一个主题任务，每组主题不得重复。

2. 学习相关知识。先学习后面补充的《菜肴命名知识指南》。

3. 布置主题任务。

主题 1：婚宴

主题 2：满月宴（百日宴）

主题 3：寿宴

主题 4：年夜饭

4. 制作活动记录表。

语文实践活动表

组名：　　　　组长：　　　　主题任务：　　　　负责事项：

小队		姓名	负责内容	任务成果要点
小队 1	组员 1			
	组员 2			
小队 2	组员 1			
	组员 2			
小队 3	组员 1			
	组员 2			
小队 4	组员 1			
	组员 2			
成果记录人：			日期：　年　月　日	

活动步骤

1. 确定主题，开始搜寻菜单。
2. 查找资料，收集与菜单中菜名、菜肴的原材料相关的诗句和词语。
3. 运用取名的方法和技巧改写菜单上的菜名。

活动评价

"我来取菜名"活动评价表

小组名称	主题（40分）（菜名改写、围绕主题）	电子资料（20分）（图文并茂、健康真实）	团队合作（20分）（分工合理、参与度高）	表达（20分）（改名依据、讲解流畅、个性特色浓）	总分

活动反思

此活动中会存在许多不懂的专业知识、民俗知识，这对学生有难度，可以在活动前做好这方面的知识积累。

菜肴命名知识指南

中国菜肴的命名重在一个"雅"字。菜肴名称的雅，也就是美雅、高雅、文雅。菜肴命名之雅，归纳起来主要表现在四个方面：即质朴之雅，意趣之雅，奇巧之雅，谐谑之雅。大量菜肴的名称，几乎都是直接从烹调工艺过程中提炼出来的，以料、味、形、色、质、器及烹饪技法命名，表现出一种质朴之雅。以食料命名的，有荷叶包鸡、鲢鱼豆腐、羊肉团鱼汤等；以味命名的，有五香肉、十香菜、过门香等；以形命名的，有樱桃肉、蹄卷、太极蛋等；以质命名的，有酥鱼、脆姜、到口酥等；以色命名的，有金玉羹、玉露团、琥珀肉等；以烹法命名的，有炒肉丝、粉蒸肉、干煸鳝鱼等。以时令、气象命名菜肴，也表现出一种质朴之雅，如见风消、清风饭、雪花酥、春子鲊、夏月鱼、炸秋叶豆饼、冬凌粥等。还有大量以数字命名的菜肴，也透出一种质朴，听之入耳，想之易记。

以比喻、寄意、抒怀手法命名的菜肴，则体现出种种意趣之雅。唐宋时期的仙人脔、通神饼、神仙富贵饼，以及后来的龙凤腿、金钩凤尾、龙眼包子、麒麟鱼、鸳鸯鱼片等，都是以比喻手法命名的肴馔①，使人感受到高雅之美。又如三元鱼脆、四喜汤圆、五福鱼圆、如意蛋卷，饱含着种种祝愿与期待，体现出传统的意趣之雅。赋予肴馔以巧思的途径，除了高超的烹调技艺，还有别具一格的命名体现奇巧之雅。烹也奇巧，名也奇巧者，首推"混蛋"。混蛋又名"混套"，其制法见于《随园食单》，是将鸡蛋打孔，去黄用清，拌浓鸡汁打匀，再灌进蛋壳，蒸熟去壳，得到的是浑然一卵的极鲜美味。现在一些地区还能吃到换心蛋、石榴蛋和鸳鸯蛋等，都与"混蛋"有一脉相承的渊源关系。

以人名菜，以典名菜，也是传统菜肴常用的命名方法，表现出谐谑之雅。麻婆豆腐、文思豆腐、萧美人点心、东坡肉等，就是以人名菜的例子，其中包含有对肴馔创制者的纪念之意。

以典取名的例子也不少，"消灾饼"是唐僖宗李儇②在狼狈逃蜀的路上，随行宫女所献的普通饼子。唐高僧慧寂③为道士诵经行道时用果脯、面粉、蔬菜、竹笋制的羹汤，称为"道场羹"。五代窦俨④官拜翰林学士，他喜食用羊眼为料制的羹，时称"学士羹"。"油炸鬼"是宋代人因痛恨秦桧⑤而对油条的叫法。

菜肴以典、以人命名，这样的菜肴也就是一个个历史典故。此外也有一些以名胜之名名菜和借诗文成语命名的，更显出命名者的功力，如"柳浪闻莺""掌上明珠""推纱望月""阳关三叠"之类即是。

【注释】

①肴馔：丰盛的饭菜；指菜肴；泛指饭菜。

②李儇：本名李俨，唐朝第十八任皇帝，唐懿宗李漼第五子，母为惠安皇后王氏。

③慧寂：俗姓叶，韶州怀化（今广东韶关境内）人。广州和安寺出家，对禅理很有见地，圆寂于唐僖宗中和三年（883 年），享年 77 岁。

④窦俨：字望之，蓟州渔阳县（今天津蓟州区）人，"五子登科"的右谏议大夫窦燕山（窦禹钧）的次子，北宋礼部尚书窦仪之弟，后晋天福六年（941 年）进士，官至礼部侍郎。

⑤秦桧：字会之，生于黄州，籍贯江宁（今江苏南京）。南宋初年宰相，主和派的代表人物。

【拓展阅读】

老饕赋

苏　轼

庖丁鼓刀，易牙烹熬。水欲新而釜欲洁，水恶陈而薪恶劳。九蒸暴而日燥，百上下而汤鏖。尝项上之一脔，嚼霜前之两螯。烂樱珠之煎蜜，滃杏酪之蒸羔。蛤半熟而含酒，蟹微生而带糟。盖聚物之夭美，以养吾之老饕。婉彼姬姜，颜如李桃。弹湘妃之玉瑟，鼓帝子之云璈。命仙人之萼绿华，舞古曲之郁轮袍。引南海之玻璃，酌凉州之蒲萄。愿先生之耆寿，分余沥于两髦。候红潮于玉颊，惊暖响于檀槽。忽累珠之妙唱，抽独茧之长缲。闵手倦而少休，疑吻燥而当膏。倒一缸之雪乳，列百柂之琼艘。各眼滟于秋水，咸骨醉于春醪。美人告去已而云散，先生方兀然而禅逃。响松风于蟹眼，浮雪花于兔毫。先生一笑而起，渺海阔而天高。

【译文】

庖丁来操刀，易牙来烹调。烹调用的水要新鲜，锅鼎等用具一定要洁净，柴火也要烧得恰到好处。有时候要把食物经过多次蒸煮后再晒干待用，有时则要在锅中慢慢地文火煎熬。吃肉只选小猪颈后那一小块最好的肉，吃螃蟹只选霜冻前最肥美的螃蟹的两只大螯。把樱桃放在锅中煮烂煎成蜜，用杏仁浆蒸成精美的糕点。蛤蜊要半熟时就着酒吃，蟹则要和着酒糟蒸，稍微生些吃。天下这些精美的食物，都是我这个老食客所喜欢的。筵席上来后，还要由端庄大方、艳如桃李的大国美女弹奏湘妃用过的玉瑟和尧帝女儿用过的云璈。并请仙女萼绿华就着《郁轮袍》优美的曲子翩翩起舞。要用珍贵的南海玻璃杯斟上凉州的葡萄美酒。愿先生六十岁的高寿分享一些给我。喝酒红了两颊，却被乐器惊醒。忽然又听到落珠、抽丝般的绝妙歌唱。可怜手已经疲惫却很少休息，怀疑酒性燥烈却把它当成膏粱。倒一缸雪乳般的香茗，摆一艘装满百酒的酒船。大家的醉眼都欣赏潋滟的秋水，大家的骨头都被春醪酥醉了。美人的歌舞都解散了，先生才觉醒而离去。趁着（水）煮出松风的韵律，冒出蟹眼大小的气泡时，冲泡用兔毫盏盛的雪花茶。先生大笑着起身，顿觉海阔天空。

阅读导引

《老饕赋》把中国烹饪与饮食表现得很精妙。事庖人的技艺，似庖丁、易牙那般高超；烹饪的精髓，全在于火中取宝；选料要精细，方能做出可人的佳肴。雪乳般的饮料沁人心脾，浮雪花的香茗让人乐陶。宴享之际，轻盈的歌舞，伴随着节奏的起伏，时急时徐，旋律的线条，时低时高，葡萄美酒令人醉，“老饕”之乐无穷妙！

老饕是贪吃的意思，不是一般的贪吃，而是一副大呼小叫、狼吞虎咽的吃相。《老饕赋》说得明白些就是《食客赋》，如果要面子，讲得好听些，那就是《美食家赋》。

由庖丁来操刀、易牙来烹调，所选的两位大厨都是顶尖的高手。选好厨师后，就要准备烹饪用具和用品了。烹调用的水要新鲜，釜鼎等用具一定要洁净。千万不要用久存的水，柴火也要烧得恰到好处。烹调的方法多种多样，有时食物要经过多次蒸煮晒干待用，有时则要在锅中以文火煎熬，接着就是配菜和做菜。

你知道哪些菜肴需要精心准备食材，请与大家分享一下。

【课外古诗词诵读】

卷　耳①

采采卷耳，不盈顷筐②。
嗟我怀人，寘彼周行。

陟彼崔嵬，我马虺隤③。
我姑酌彼金罍④，维以不永怀。

陟彼高冈，我马玄黄⑤。
我姑酌彼兕觥⑥，维以不永伤。

陟彼砠⑦矣，我马瘏⑧矣，
我仆痡⑨矣，云何吁矣。

【注释】

①卷耳：即苍耳子，嫩苗可吃，也可入药。一说车前草。
②不盈顷筐：不满筐。盈，满。
③虺隤：疲极而病。
④金罍：铜制的盛酒器。
⑤玄黄：马病的样子。
⑥兕觥：犀牛角制的酒杯。
⑦砠：有石头的土山。
⑧瘏：疲劳致病。
⑨痡：过度疲劳。

【译文】

采呀采呀卷耳菜，不满小小一箩筐。
叹息想念心上人，竹筐放在大路旁。

登上高高的石山，我的马儿已困倦。
我且斟满铜酒杯，让我不再长思念。

登上高高的山岗，我的马儿多踉跄。
我且斟满斗酒杯，但愿从此不忧伤。

登上高高的山头，我的马儿已难行。
我的仆人疲困不堪了，多么忧伤啊。

鹿 鸣

呦呦①鹿鸣，食野之苹②。
我有嘉宾，鼓瑟吹笙。
吹笙鼓簧，承筐是将③。
人之好我，示我周行。

呦呦鹿鸣，食野之蒿。
我有嘉宾，德音④孔⑤昭⑥。
视⑦民不恌⑧，君子是则⑨是效⑩。
我有旨酒，嘉宾式⑪燕⑫以敖⑬。

呦呦鹿鸣，食野之芩。
我有嘉宾，鼓瑟鼓琴。
鼓瑟鼓琴，和乐且湛⑭。
我有旨酒，以燕乐嘉宾之心。

【注释】

①呦呦：鹿的叫声。
②苹：藾蒿。陆玑《毛诗草木鸟兽虫鱼疏》：“藾蒿，叶青色，茎似箸而轻脆，始生香，可生食。”和下文的蒿、芩都属植物。
③承筐是将：指奉上礼品。承，双手捧着。将，送上，献。
④德音：美好的品德声誉。
⑤孔：很。
⑥昭：明。

⑦视：同“示”。
⑧恌：同“佻”，轻薄，轻浮。
⑨则：法则，楷模，这里作动词。
⑩效：仿效。
⑪式：语助词。
⑫燕：同“宴”。
⑬敖：同“遨”，嬉游。
⑭湛：深厚。《毛传》：“湛，乐之久。”

【译文】

一群鹿儿呦呦欢鸣，在那原野悠然自得地啃食蘋蒿。
一旦四方贤才光临舍下，我将奏瑟吹笙宴请宾客。
一吹笙管振簧片，捧筐献礼礼周到。
人们待我真友善，指示大道乐遵照。

一群鹿儿呦呦欢鸣，在那原野悠然自得地啃食蒿草。
一旦四方贤才光临舍下，品德高尚又显耀。
示人榜样不轻浮，君子贤人纷纷来仿效。
我有美酒香而醇，宴请嘉宾嬉娱任逍遥。

一群鹿儿呦呦欢鸣，在那原野悠然自得地啃食芩草。
一旦四方贤才光临舍下，弹瑟弹琴奏乐调。
弹瑟奏琴勤相邀，融洽欢欣乐尽兴。
我有美酒香而醇，宴请嘉宾心中乐陶陶。

文学常识

《诗经》（也称《诗》《诗三百》《三百篇》）是我国第一部诗歌总集，收集了自西周初年至春秋中叶500多年间的诗歌共305首。《诗经》约成书于春秋时期，汉代传授《诗经》的有齐（申培）、鲁（毛亨）、韩（韩婴）、毛（赵人毛苌）四家。东汉以后，齐、鲁、韩三家先后亡失，仅存《毛诗外传》。

《诗经》分为风、雅、颂三个部分，其中“风”主要是地方民歌，有15国风，共160首；“雅”主要是朝廷乐歌，分大雅和小雅，共105首；“颂”主要是宗庙乐歌，有40首。表现手法主要是赋、比、兴。“赋”是指铺陈（敷陈其事而直言之也），“比”是指类比（以彼物比此物也），“兴”是指启发（先言他物以引起所咏之词也）。《诗经》中思想和艺术价值最高的是地方民歌，“饥者歌其食，劳者歌其事”，如《伐檀》《硕鼠》就是“风”的代表作。

《卷耳》选自《诗经·周南》，共四章，第一章以思念征夫的妇女的口吻来写，后三章则是以思家念归的备受旅途辛劳的男子的口吻来写，犹如一场表演着的戏剧，男女主人公各自的内心独白在同一场景同一时段中展开。诗人坚决地隐去了“女曰”“士曰”一类的提示词，让戏剧冲突表现得更为强烈，让男女主人公“思怀”的内心感受交融合一。首章女子的独白呼唤着远行的男子，“不盈顷筐”的卷耳被弃在“周行”——通向远方的大路的一旁。顺着女子的呼唤，备受辛苦的男子满怀愁思地出现，对应着“周行”，他正行进在崔嵬的山间。第一、二两章的句式结构也因此呈现出明显的对比和反差。第三章是对第二章的复沓，带有变化的复沓是《诗经》中最常见的章法结构特征，这种复沓可以想象为一种合唱或重唱，有力地增加了抒情的效果，开拓补充了意境，稳定地再现了音乐的主旋律。第四章从内容分析仍是男子口吻，但与第二、三章相差很大。《诗经》中经常使用的此类用法称为单行章断，比如《周南·葛覃》《周南·汉广》《周南·汝坟》《召南·采蘩》《召南·行露》等诗中都有此用法。此用法是合唱形式的遗存，可以想象成幕后回荡的男声合唱，其作用是渲染烘托诗歌的气氛，增强表达的效果。

《鹿鸣》选自《诗经·小雅》，是周王宴会群臣和嘉宾的宴饮诗。诗中可以读出周代人重礼节重德行的风尚，也表达了周王礼贤下士的真诚愿望。诗共三章，每章八句，开头皆以鹿鸣起兴。在空旷的原野上，一群麋鹿悠闲地吃着野草，不时发出呦呦的鸣声，此起彼应，十分和谐悦耳。诗以此起兴，营造出一个热烈而和谐的氛围，如果是君臣之间的宴会，那种本已存在的拘谨和紧张的关系马上就会宽松下来。故《诗集传》云：“盖君臣之分，以严为主；朝廷之礼，以敬为主。然一于严敬，则情或不通，而无以尽其忠告之益。故先王因其饮食聚会，而制为燕飨之礼，以通上下之情。而其乐歌又以鹿鸣起兴……”也就是说君臣之间限于一定的礼数，等级森严，形成思想上的隔阂。通过宴会，可以沟通感情，使君王能够听到群臣的心里话。而以鹿鸣起兴，则一开始便奠定了和谐愉悦的基调，给与会嘉宾以强烈的感染。

第二单元

文化思味

单元导读

世界饮食文化源远流长，中华饮食文化博大精深，中国烹饪则有数千年历史。从远古时期的茹毛饮血到如今的各类风味，展现各种风情的美食层出不穷。而《风味人间》《舌尖上的中国》等一系列美食纪录片，《饮食男女》《食神》等一系列美食电影的出现，都是中国人对传统饮食文化的传播和对其了解的不断深入。中国传统饮食按地域可分为苏、浙、闽、粤、鲁、湘、川、徽八大菜系，各菜系酸甜苦辣咸，五味调和，各具特色，构成了我们记忆深处对美味最深的记忆。

任务一

【文本阅读】

劝 菜

王 力

中国有一件事最足以表示合作精神的，就是吃饭。十个或十二个人共一盘菜，共一碗汤。酒席上讲究同时起筷子，同时把菜夹到嘴里去，只差不曾嚼出同一的节奏来。相传有一个笑话。一个外国人问一个中国人说："听说你们中国有二十四个人共吃一桌酒席的事，是真的吗？"那中国人说："是真的。"那外国人说："菜太远了，筷子怎么夹得着呢？"那中国人说："我们有一种三尺来长的筷子。"那外国人说："用那三尺来长的筷子，夹得着是不成问题了，怎么弯得转来把菜送到嘴里去呢？”那中国人说：“我们是互相帮忙，你夹给我吃，我夹给你吃的啊！”

中国人的吃饭，除了表示合作的精神之外，还合于经济的原则。西洋每人一盘菜，吃剩下来就是暴殄天物[①]；咱们中国人，十人一盘菜，你不爱吃的却正是我所喜欢的，互相调剂，各得其所。因此，中国人的酒席，往往没有剩菜；即使有剩，它的总量也不像西餐剩菜那样多，假使中西酒席的菜本来相等的话。

有了这两个优点，中国人应该踌躇满志[②]，觉得圣人制礼作乐，关于吃这一层总算是想得尽善尽美的了。然而咱们的先哲[③]犹嫌未足，以为食而不让，则近于禽兽，于是提倡食中有让。其初是消极的让，就是让人先夹菜，让人多吃好东西；后来又加上积极的让，说是把好东西夹到了别人的碟子里，饭碗里，甚至于嘴里。其实积极的让也是由消极的让生出来的：遇着一样好东西，我不吃或少吃，为的是让你多吃；同时，我以君子之心度君子之腹，知道你一定也不肯多吃，为的是要让我。在这僵局相持之下，为了使我的让德战胜你的让德起见，我就非和你争不可！于是劝菜这件事也就成为“乡饮酒礼”中的一个重要项目了。

劝菜的风俗处处皆有，但是素来著名的礼让之乡如江浙一带尤为盛行。男人劝得马虎些，夹了菜放在你的碟子里就算了；妇女界最为殷勤，非把菜送到你的饭碗里不可。照例是主人劝客人；但是，主人劝开了头之后，凡自认为主人的至亲好友，都可以代主人来劝客。有时候，一块“好菜”被十双筷子传观，周游列国之后，却又物归原主！假使你是一位新姑爷，情形又不同了。你始终成为众矢之的，全桌的人都把“好菜”堆到你的饭碗里来，堆得满满的，使你鼻子碰着鲍鱼，眼睛碰着鸡丁，嘴唇上全糊着肉汁，简直吃不着一口白饭。我常常这样想，为什么不开始就设计这样一碗“十锦饭”，专为上宾贵客预备的，倒反要大家临时大忙一阵呢？

劝菜固然是美德，但是其中还有一个嗜好是否相同的问题。孟子说：“口之于味，有同嗜也。”我觉得他老人家这句话有多少语病，至少还应该加上一段“但书”。我还是比较地喜欢法国的一谚语：“惟味与色无可争。”意思是说，食物的味道和衣服的颜色都是随人喜欢，没有一定的美恶标准的。这样说来，主人所喜欢的“好菜”，未必是客人所认为好吃的菜。肴馔的原料和烹饪的方法，在各人的见解上（尤其是籍贯不相同的人），很容易生出大不相同的估价。有时候，把客人所不爱吃的东西硬塞给他吃，与其说是有礼貌，不如说是令人难堪。十年前，我曾经有一次做客，饭碗被鱼虾鸡鸭堆满了之后，我突然把筷子一放，宣布吃饱了。直等到主人劝了又劝，我才说：“那么请你们给我换一碗白饭来！”现在回想，觉得当时未免少年气盛；然而直到如今，假使我再遇同样的情形，一时急起来，也难保不用同样方法来对付呢！

中国人之所以和气一团，也许是津液交流的关系。尽管有人主张分食，同时也有人故意使它和到不能再和。譬如新上来的一碗汤，主人喜欢用自己的调羹去把里面的东西先搅一搅匀；新上来的一盘菜，主人也喜欢用自己的筷子去拌一拌。至于劝菜，就更顾不了许多，一件山珍海错，周游列国之后，上面就有了五七个人的津液。将来科学更加昌明，也许有一种显微镜，让咱们看见酒席上病菌由津液传播的详细情况。现在只就我的肉眼所能看见的情形来说。我未坐席就留心观察，主人是一个津液丰富的人。他说话除了喷出若干吐沫之外，上齿和下齿之间常有津液像蜘蛛网般弥缝着。入席以后，主人的一双筷子就在这蜘蛛网里冲进冲出，后来他劝我吃菜，也就拿他那一双曾在这蜘蛛网里冲进冲出的筷子，夹了菜，恭恭敬敬地送到我的碟子里。我几乎不信任我的舌头！同时一盘炒山鸡片，为什么刚才我自己夹了来是好吃的，现在主人恭恭敬敬地夹了来劝我却是不好吃的呢？我辜负④了主人的盛意了。我承认我这种脾气根本就不适宜在中国社会里交际。然而我并不因此就否定劝菜是一种美德。“有杀身以成仁”，牺牲一点儿卫生戒条来成全一种美德，还不是应该的吗？

【注释】

①暴殄天物：任意糟蹋东西。殄，灭绝。天物，自然界的鸟兽草木等。

②踌躇满志：对自己取得的成就非常得意。

③先哲：指已经故去的有才德的思想家。

④辜负：对不住（别人的好意、期望或帮助）。

阅读导引

王力，字了一，广西博白县人。中国语言学家、教育家、翻译家、散文家、诗人，中国现代语言学奠基人之一。1926 年考入清华大学国学研究院；1927 年赴法国巴黎大学留学；1954 年调北京大学任教授；1956 年被聘为中国科学院哲学社会科学部委员。王力一直从事语言科学的教学和研究工作，为发展中国语言科学、培养语言学专门人才做出了重要贡献。他在语言学方面的专著有 40 多种，论文近 200 篇，共约 1000 万余字，内容几乎涉及语言学各个领域，有许多都具有开创性。代表作有《中国音韵学》《中国现代语法》等。

劝菜在中国司空见惯，可以在王力散文《劝菜》里读到中西文化的差异。西方强调各自为政，而中国则强调互相调剂。其实劝菜这一简单的、看似文明友好的举动，背后却隐藏着一种虚伪的处世态度，忽视了个人喜好。从卫生的角度来看，成全了美德却牺牲了卫生和健康。特别是新冠肺炎疫情以来，健康意识开始深入人心，我们更应当提倡公筷。《劝菜》最后得出的结论是“中国人之所以和气一团，也许是津液交流的关系”。语言极具特色，通俗易懂，诙谐幽默，应深刻品味。

文学与生活

在现实生活中，人们的健康意识不断增强，我们提倡使用公筷，减少津液交流和疾病传播的机会。学习本文，想想自己被劝菜时是否遇到过像作者一样的尴尬境况？我们怎样避免这种情况？

问题指南

思考

《劝菜》提到中西方烹饪文化，哪些地方给我们留下了深刻印象？

评价

文中谈到中国人对“吃”的理解和做法以及劝菜的习惯，国人还有哪些不好的饮食习惯呢？列举讨论一下。

扩展

新冠肺炎病毒正在世界范围内肆虐，我们在中国共产党的坚强领导下，取得了抗击疫情的阶段性胜利。新冠肺炎疫情也改变了人们聚餐的饮食观，如果现在在餐桌上劝菜，会有怎样的不同？为什么？

文学寻味

中国人对饮食情有独钟，请写出生活中你所遇到的以“吃”喻事的现象。

【语文实践活动】

// 我来秀谚语 //

活动设计

此活动要求通过网络或书籍，查找历代有关饮食方面的词语、成语及谚语。如“吃货”“鱼肉百姓”“清明前后，栽瓜种豆”“种瓜得瓜，种豆得豆”等。通过收集分享的方式，展示学习饮食语言的成果。

活动目标

1. 了解和积累相关的饮食词语、成语及谚语。

2. 能够理解反映劳动人民生活实践经验的饮食文化语言，传承优秀的饮食文化，提升职业素养的同时树立文化自信。

3. 通过动手查找资料的任务体验式自主学习，提升实践能力和表达能力。

活动准备

1. 分组。全班分成 4 组，组内两人自由组合成小队。一个大组选定一个主题任务，每组主题不得重复。大组内的各小队准备材料，一人负责收集文字资料和图片资料，一人负责在自己收集的资料中选择有代表性或者有故事的内容进行分享。

2. 布置主题任务。

主题任务 1：古代形容美味的词语。

主题任务 2：形容“吃”的成语。

主题任务 3：与饮食相关的谚语、俗语。

主题任务 4：与饮食器具、习俗、品种相关的成语。

3. 制作活动记录表。

语文实践活动表

组名：　　　　组长：　　　　主题任务：　　　　负责事项：

小队		姓名	负责内容	任务成果要点
小队 1	组员 1			
	组员 2			
小队 2	组员 1			
	组员 2			
小队 3	组员 1			
	组员 2			
小队 4	组员 1			
	组员 2			
成果记录人：			日期：　　年　　月　　日	

活动步骤

1. 收集资料阶段：分组收集资料（文字、图片、视频），越多越好；围绕本组的主题，收集反映在词语、成语、谚语中的烹饪知识资料；将收集的素材整理研究，制作成电子汇报资料。

2. 组内交流汇报阶段：各小分队分享汇报资料，组内按照评议标准并推荐两个优秀小队参加班级展示活动。

3. 班级展示分享阶段：教师成立评议 5 人小组；各小队按顺序两人配合完成资料展示汇报；评议小组打分，评选一、二、三等奖；师生总结评议并宣布获奖名单。

活动评价

评议标准表

小组名称	主题（30分）（围绕主题）	电子资料（20分）（图文并茂、健康真实）	表达（30分）（语言流畅、时间把控好、多媒体手段运用、语言有感染力）	仪容仪表（20分）（大方得体、态度亲切）	总分

活动反思

班级展示分享阶段以学生为主体，可根据小组的电子资料和讲解来进行评议，教师做监督。

【拓展阅读】

说“吃”

陈建宪

世界上似乎还没有哪个民族像中国人这样讲究“吃”。

据说人们最愿意选择的生活方式是“中国的饮食，日本的妻子，美国的工资，法国的时装”。还有文章说：“在海外的中国人，国语可以不说，国服可以不穿，国剧可以不听，国产片可以不看，而国食却不可以一日或缺[①]。”海外华侨大多靠开餐馆谋生发财。有人统计，海外中国餐馆有三万多家，其中一半在美国。

中国文化历来强调“民以食为天”，所以将“人数”叫做“人口”，户籍也叫“户口”。中国人口为世界之最，要填饱这么多“口”不是件容易事，所以对于“吃”就格外注意，久而久之，就形成了许多独具一格的“吃”风俗。

例如，在各个不同节日中，都有些独特的食俗。春节吃饺子，取除夕“更岁交子”之意。吃年糕，取“年年高升”的吉利。元宵节吃汤圆，立春吃春卷，清明吃寒食，端午吃粽子，中秋吃月饼，腊月吃腊八粥，所有这些，都有其独特的民俗意义。

再如，在各种人生礼仪中，也往往以“吃”来表示情感。孩子降生后，要吃“三朝酒”或“九朝酒”。落月也要请客。过生日是吃长寿面或生日蛋糕，结婚叫做“喝喜酒”，死了人则是吃“杠[②]丧饭”。在各种祭祀活动中，如祭祖宗、供菩萨等，也少不了吃。

外国人见面打招呼是互道“你好”，中国人见面则是问“吃饭了没有”。朋友、老乡、同事碰在一起，往往是请客吃饭。连人也给分成“生人”“熟人”两类，“熟人”面前就“好开口”，可以“吃得开”，要是“生人”，他就“不吃你那一套”。

对于仇恨的对象，中国人往往会说“恨不得食其肉，寝其皮”，所以岳飞[③]诗中就有“壮志饥餐胡虏肉，笑谈渴饮匈奴血”[④]的佳句。在“吃人”的旧社会，地主老财“吃人不吐骨头”，新中国成立后，“饮恨含冤”的劳动人民在土改中，就“吐苦水”“尝”到了革命胜利带来的果实。

上述这种以“吃”来表达思想感情和象征客观事物的语言，可以说是不胜枚举：当兵叫做“吃粮”，出家叫做“吃斋”，改革要打破“铁饭碗”。只有不怕“吃苦”“吃亏”，才能“吃得开”。对方软硬不“吃”，你就会“吃”力不讨好。假如你与他“对胃口”，那你就会“有甜头”。假如你以为“不吃白不吃，不拿白不拿”，到时候你得“吃哪家饭，念哪家经”，那时候你才是“吃了茶，粘了牙；吃了酒，粘了手”，所以“吃不准”的事你不能干，不然，就会落得个“吃不了，兜着走”。

【注释】

①或缺：表示非常重要，不能有一点点的缺失，不能少一点。或，稍微。

②杠：出殡时抬送灵柩的工具。

③岳飞：字鹏举，宋相州汤阴县（今河南安阳汤阴县）人，南宋抗金名将，中国历史上著名的军事家、战略家，民族英雄。

④“壮志”二句：选自岳飞的《满江红》，全词慷慨激昂，豪情壮志。

阅读导引

陈建宪，湖北麻城人。华中师范大学教授，博士生导师，文化学学者。华中师范大学非物质文化遗产研究中心副主任，民间文学学科组组长。中国神话学会副主席，湖北省民间文艺家协会副主席。曾获中国文联“山花奖”和湖北省文联“文艺明星”奖。

散文《说“吃”》通过中外对吃的意义的不同理解比较，进一步阐述了“吃”文化已经渗透到中国人生活的方方面面。

任务二

【文本阅读】

藕与莼菜

叶圣陶

同朋友喝酒，嚼着薄片的雪藕，忽然怀念起故乡来了。若在故乡，每当新秋的早晨，门前经过许多乡人：男的紫赤的胳膊和小腿肌肉突起，躯干高大且挺直，使人起康健的感觉；女的往往裹着白地青花的头巾，虽然赤脚，却穿短短的夏布裙，躯干固然不及男的那样高，但是别有一种康健的美的风致；他们各挑着一副担子，盛着鲜嫩的玉色的长节的藕。在产藕的池塘里，在城外曲曲弯弯的小河边，他们把这些藕一再洗濯①，所以这样洁白。仿佛他们以为这是供人品味的珍品，这是清晨的画境里的重要题材，倘若涂满污泥，就把人家欣赏的浑凝之感打破了；这是一件罪过的事，他们不愿意担在身上，故而先把它们洗濯得这样洁白，才挑进城里来。他们要稍稍休息的时候，就把竹扁担横在地上，自己坐在上面，随便拣择担里过嫩的"藕枪"或是较老的"藕朴"，大口地嚼着解渴。过路的人就站住了，红衣衫的小姑娘拣一节，白头发的老公公买两支。清淡的甘美的滋味于是普遍于家家户户了。这样情形差不多是平常的日课，直到叶落秋深的时候。

在这里，藕这东西几乎是珍品了。大概也是从我们故乡运来的。但是数量不多，自有那些伺候豪华公子硕腹巨贾②的帮闲茶房们把大部分抢去了；其余的就要供在较大的水果铺里，位置在金山苹果吕宋香芒之间，专待善价而沽③。至于挑着担子在街上叫卖的，也并不是没有，但不是瘦得像乞丐的臂和腿，就是涩得像未熟的柿子，实在无从欣羡。因此，除了仅有的一回，我们今年竟不曾吃过藕。

这仅有的一回不是买来吃的，是邻舍送给我们吃的。他们也不是自己买的，是从故乡来的亲戚带来的。这藕离开它的家乡大约有好些时候了，所以不复呈玉样的颜色，却满被④着许多锈斑。削去皮的时候，刀锋过处，很不爽利。切成片送进嘴里嚼着，有些儿甘味，但是没有那种鲜嫩的感觉，而且似乎含了满口的渣，第二片就不想吃了。只有孩子很高兴，他把这许多片嚼完，居然有半点钟工夫不再作别的要求。

想起了藕就联想到莼菜。在故乡的春天，几乎天天吃莼菜。莼菜本身没有味道，味道全在于好的汤。但这样嫩绿的颜色与丰富的诗意，无味之味真足令人心醉。在每条街旁的小河里，石埠头⑤总歇着一两条没篷的船，满舱盛着莼菜，是从太湖里捞来的。取得这样方便，当然能日餐一碗了。

而在这里上海又不然；非上馆子就难以吃到这东西。我们当然不上馆子，偶然有一两回去叨扰[6]朋友的酒席，恰又不是莼菜上市的时候，所以今年竟不曾吃过。直到最近，伯祥[7]的杭州亲戚来了，送他瓶装的西湖莼菜，他送给我一瓶，我才算也尝了新了。

向来不恋故乡的我，想到这里，觉得故乡可爱极了。我自己也不明白，为什么会起这么深浓的情绪？再一思索，实在很浅显：因为在故乡有所恋，而所恋又只在故乡有，就萦[8]系着不能割舍了。譬如亲密的家人在那里，知心的朋友在那里，怎得不恋恋？怎得不怀念？但是仅仅为了爱故乡么？不是的，不过在故乡的几个人把我们牵系着罢了。若无所牵系，更何所恋念？像我现在，偶然被藕与莼菜所牵系，所以就怀念起故乡来了。

所恋在哪里，哪里就是我们的故乡了。

一九二三年九月七日

【注释】

①濯：洗涤。

②硕腹巨贾：大腹便便有钱的商人。贾，做买卖。

③善价而沽：比喻有才干的人等到有赏识重用时才肯出来效力。沽，买或卖。

④被：通“披”，覆盖。

⑤埠头：码头，多指有码头的城镇。

⑥叨扰：客套话，因受人款待而表示客气。

⑦伯祥：原名王钟麒，字伯祥，叶圣陶的朋友。

⑧萦：围绕，缠绕。

阅读导引

叶圣陶，原名绍钧，文学家、教育家。1911 年中学毕业后，历任小学、中学、大学教师。编过《小说月报》《妇女杂志》《中学生》等刊物。著有长篇小说《倪焕之》，童话集《稻草人》《古代英雄的石像》，散文集《脚步集》。

《藕与莼菜》是叶圣陶 1923 年创作的一篇散文。此文借物抒情，作者将自己对故乡的热爱之情寄托在具有代表意义的“藕与莼菜”上，借对故乡“藕与莼菜”的怀念，表达了对故乡的思念、热爱之情。纵观全文，作者直抒胸臆的文字很少，只是顺着他的思路，听他把一些藕和莼菜的琐事娓娓道来，细细品味。那平实的一字一句是作者真情的流露，整篇文章韵味隽永，令人回味无穷。文章语言明白晓畅而朴素，带有浓郁的生活气息，读来使人倍感亲切、韵味无穷，显示出一幅自然逼真的人生图景。

文学与生活

最幸福的时光是过去的时光，最让人留恋的美食是儿时的美食。你的记忆中一定也有饱含浓浓乡情和亲情的美食，让你留恋的家乡美食是什么？请任选一种美食，描绘你与亲人或朋友共享美食的情景。

问题指南

思考

《藕与莼菜》从哪些方面比较故乡的“藕”与城里的“藕”的不同?

评价

思乡之情，人皆有之，但如何更好地表现，每个人有每个人的方法。作者选取的角度有其新颖的一面，一次喝酒小聚，吃着雪藕，“我”由此想到故乡的“藕”，自然又想到故乡的“莼菜”。“藕”不贵，“莼菜”本身无味，但作者却牵挂着它们。试着通过文章语言评析这种写作手法的好处。

扩展

从构思技巧和语言艺术的角度赏析《藕与莼菜》，写300字左右的文章赏析。

文学寻味

中国人对美食情有独钟，特别是饱含浓浓乡情和亲情的美食，这就是我们常常描述的乡愁。

【语文实践活动】

// 我说家乡菜 //

活动设计

此活动通过各种渠道（查阅网络或书籍、问询当地知名大厨）了解自己家乡的美食。从原料、制作流程、特点以及你对美食的感想进行详细的描述，撰写一篇介绍家乡美食的文章，在小组内分享，各组推荐优秀者进行班级分享。

活动目标

1. 了解和积累大量当地特色美食知识，调动学生学习语文的积极性。

2. 能够有条理地说出烹饪美食的制作原料、流程、特点，更好地传承优秀的烹饪文化。

3. 能够从口头准确描述美食的制作过程，培养文字表达能力，提升写作表达能力。

活动准备

1. 分组。全班按地域特色分成4组，组内两人自由结合成小队。一个大组选定一个主题任务，每组主题不得重复。大组内各小队定好要分享的家乡特色美食，查阅、收集和整理材料（文字资料和图片资料），一人负责把家乡美食的材料归纳形成文章。

2. 布置主题任务。

主题任务1：川菜系列

主题任务2：鲁菜系列

主题任务3：粤菜系列

主题任务4：其他菜系

活动步骤

1. 收集资料阶段：分组收集资料（文字、图片、视频），越多越好；围绕本组的主题，收集反映在词语、成语、谚语中的烹饪知识资料；将收集的素材整理研究，制作成电子汇报资料。

2. 指导写作阶段：写作科学小品文时，注意说明方法、修辞手法和描写手法的运用，穿插传说、趣事，增加趣味性；如何构思成文，也就是文章的结构，先写什么，再写什么，哪一部分详写，哪一部分略写，在写作前做好布局构思，形成文章。

3. 组内交流汇报阶段：各小分队分享写好的文章，评选出写得最好的作品，根据修改策略，进行集体修改，形成优秀文章参加班级展示活动。

4. 班级展示分享阶段：各小组推荐的优秀队员在班级里口头分享自己的优秀文章，班级评议小组根据评价标准评出一、二、三等奖。把文章打印出来张贴在教室，进行展示交流。

活动评价

“我来说家乡菜”活动评价表

评价项目	评价标准及等次			小组评价	班级评价	教师评价
	A	B	C			
内容	内容充实，有地方特色	内容较充实，有一些地方特色	内容单薄，有少许地方特色			
文字表达	语言流畅，表达正确	语言通顺，表达较准确	语言基本通顺，基本准确			
	结构严谨，衔接紧凑	结构完整，衔接自然	结构基本完整			

续表

评价项目	评价标准及等次			小组评价	班级评价	教师评价
	A	B	C			
口头表达	吐字清楚，语音语调处理得当	吐字较清楚，语音语调处理较得当	吐字不甚清晰，无语音语调			
形象风度	精神饱满，有肢体语言	精神较饱满，有一些肢体语言	精神不甚饱满，肢体语言少			
仪表仪态	仪容端庄大方，举止自然有风度	仪容较端庄大方，举止较自然	仪容不端庄大方，举止不自然没有风度			
创新创意	有创意	较有创意	略显创意			
团队合作	人人有事做，事事有人做	有一部分人参与	少部分人参与			

活动反思

教师在活动中多关注对学生写作科学小品文方法的指导。

【拓展阅读】

苗家酸汤鱼

张乃恒

很久很久以前，
苗岭山下有位阿娜姑娘。
能歌善舞酿美酒，
一双秀眼明又亮。
清如山泉水，
举止散幽香。

方圆百里的小伙齐求爱，
姑娘以酒先品尝。
不被中意酒味酸，
小伙心中甚凄凉。

芦笙悠悠山歌起，
纠缠小伙唤姑娘。

阿娜隔篱开口唱：
“酸溜溜的酒哟，
酸溜溜的郎，
三月槟榔不结果，
九月兰草不芳香。
有情山泉变美酒哟，
无情美酒变酸汤！”

从此酸汤传于世，
煮入活鱼鲜酸香。
一锅民间菜，
鲜香飘四方！

阅读导引

张乃恒，高级经济师。三线建设时期从哈尔滨来到贵州安顺某军工基地，退休后曾任中国食文化研究会专家委员、贵州食文化研究会常务副会长兼秘书长。

凯里酸汤鱼是贵州凯里的一道特色小吃，属于贵州“黔家特色菜”，该菜品的制作原料主要有酸汤、鱼、葱等。鱼多选用当地出产的稻花鲤鱼、鲇鱼或草鱼，酸汤最佳制法是以米汤自然发酵为汤底，配以木姜子、腌制西红柿酱、糟辣椒等多种作料熬煮而成。因采用的主料不同，体现出的营养特质也不同。酸汤鲇鱼中的鲇鱼，性味甘、温，有补虚催乳、利尿止痢的功效。鲇鱼不仅像其他鱼一样含有丰富的营养，而且肉质细嫩，含有的蛋白质和脂肪较多，对体弱虚损、营养不良的人有较好的食疗作用。鲇鱼是催乳的佳品，并有滋阴养血、补中气、开胃、利尿的作用，是妇女产后食疗滋补食物。酸汤鲤鱼的蛋白质含量高，人体消化吸收率可达 96%，并能供给人体必需的氨基酸、矿物质、维生素 A 和维生素 D。每 100 克鱼肉中含蛋白质 17.6 克、脂肪 4.1 克、钙 50 毫克、磷 204 毫克及多种维生素。鲤鱼的脂肪多为不饱和脂肪酸，能较好地降低胆固醇，可以防治动脉硬化和冠心病，因此多吃鲤鱼可以健康长寿。同时，酸汤中加入的西红柿含有丰富的茄红素，除了健脾开胃之外，还有很好的抗癌功能。时令蔬菜则富含大量维生素和优质纤维。

《苗家酸汤鱼》述说了一个古老的传说：相传在远古的时候，苗岭上居住着一位叫阿娜的姑娘，不仅长得貌美，能歌善舞，且能酿制美酒，该酒有幽兰之香，清如山泉。方圆几百里的小伙子都来求爱，凡来求爱者，姑娘就斟上一碗自己酿的美酒。未被看中的小伙子喝了这碗酒，只觉其味甚酸，心里透凉，但又不愿离去。当夜幕临近，芦笙悠悠，山歌阵阵，小伙子在房前屋后用山歌呼唤着姑娘来相会，姑娘只好隔着篱唱道：“酸溜溜的汤哟，酸溜溜的郎，酸溜溜的郎哟听妹来温暖；三月槟榔不结果，九月兰草无芳香，有情山泉变美酒，无情美酒变酸汤。……”

任务三

【文本阅读】

同和堂的天梯鸭掌

唐鲁孙

中华电视台的《烟雨江南》[①]连续剧，演到王镖头在同和堂[②]约御前退休侍卫荣敬跟甘凤池[③]便宴[④]，有一道菜叫“天梯鸭掌”。这道菜确实是同和堂的拿手菜，舍间跟他家交往多年，笔者也仅仅吃过一两回而已。平日大筵小酌您要点天梯鸭掌，茶房一定回说调和不全，没有准备，表示歉意。同和堂当年生意很广，大主顾有城里城外的大干果子铺跟西口北口的大皮货庄等，一请客就是几十上百桌。北平各大饭庄有个不成文的规矩，每年年底封灶之前，由东家或大掌柜的出面，分批宴请有交往的主顾，谢谢一年的照顾，同时告诉主顾，新正开座的日期。凡是头年吃过哪家饭庄子封灶酒，开年请春卮[⑤]，不会照顾到别家饭庄子去的。

每家饭庄封灶酒，当然都是一些拿手菜，同和堂的头菜就是天梯鸭掌了。早年吃烤鸭是不带鸭舌、鸭掌的，每家山东馆都有烩鸭舌、鸭腰，都是烤鸭身上割下来的。至于鸭掌卸下来之后，用清水泡一天，顺纹路撕去掌上薄膜，然后用黄酒泡起来。等到把鸭掌泡涨，鼓得像婴儿手指一样肥壮可爱，拿出来把主骨附筋，一律抽出来不要，用中腰封肥瘦各半火腿，切成二分厚的片。一片火腿加一只鸭掌，把春笋或冬笋也切成片，抹上蜂蜜，一起用海带丝扎起来，用文火蒸透来吃。火腿的油和蜜，慢慢渗过鸭掌笋片，腊豕[⑥]笋香，曲尘萦绕，比起湖南馆的富贵火腿，一味厚腻，似乎腴润更胜一筹。笋子切片，好像竹梯，所以名之“天梯鸭掌”。当年“洪宪”[⑦]左内史阮斗瞻（忠枢）对于同和堂的天梯鸭掌，最为欣赏，高邮[⑧]宣古愚[⑨]旅居北平时请客独是同和堂，阮斗瞻跟宣古愚、陈一他们吃过同和堂的封灶酒，一直念念不忘。后来阮独自去了几次同和堂点天梯鸭掌，柜上伙计都回说调和不全，没能吃到嘴。有一次他跟杨云史慨叹说：“吃同和堂的天梯鸭掌比起老总放个巡阅使[⑩]还难。”虽然是句笑谈，足见这道菜是多么金贵啦。同和堂自抗战军兴就歇业[⑪]，往后“天梯鸭掌”也就成为历史名词了。

【注释】

①《烟雨江南》：由邓育庆执导，王皓、刘雪华等人主演的一部台湾电视剧。该剧讲述了烟、雨、江、南四个兄弟姐妹从小失散，长大后相遇不相识所引发的故事。

②同和堂："八大堂"是北京曾经的顶级饮食场所，同和堂作为"八大堂"之一，比较特殊，没有戏台，既能承接宴席，又接受客人零点小酌。虽然和其他"堂"字号饭馆不一样，但是因为有几个独家的菜肴，所以，也备受当时政客名流的喜爱，名声甚旺，得以位列"八大堂"。

③甘凤池：江苏南京人，清代著名武术家，生卒年不详。先后拜黄百家、一念和尚为师，精内外家拳，善导引之术。江湖人称"江南大侠"，著有《花拳总讲法》。时因违反汉人不可聚众习武之禁令及被怀疑有反清复明之疑，为清兵追捕，隐居江浙。据清人王友亮著《甘凤池小传》说，他年八十余，终于返乡。

④便宴：一般形式比较自由随便，常见的有午宴、晚宴，有事也会有早宴。其特点是比较简单、灵活，席间可不安排座位，不做正事讲话，菜肴可根据宴会人员安排高低丰简。四大宴会之一，其他三种宴会分别是国宴、正式宴会、家宴。国宴级别最高，家宴最低、形式较多，便宴、正式宴会一般适合商务宴会。

⑤请春卮：流行于扬州、泰州、南通等苏中地区的新春时节请客聚宴、招待亲朋的古老风俗。卮，古代的一种盛酒器皿，后人用作"酒席"的代称。

⑥豕：猪。

⑦洪宪：为袁世凯所创"中华帝国"年号。自1915年12月25日袁世凯宣布第二年改元"洪宪"，到1916年3月22日不得不取消帝制，23日正式颁令废止洪宪年号取消帝制，他一共做了83天的未正式登基的皇帝。

⑧高邮：江苏高邮。

⑨宣古愚：生于1866年，江苏高邮人，清朝监察大员，寓公，收藏古钱币，著有《元钱秘录》。

⑩巡阅使：北洋政府时期的高级官职，类似于以前的总督职位，相当于大军区司令，通常授予拥有两省以上地盘的军阀。始设于袁世凯统治时期，袁世凯任张勋、倪嗣冲为长江巡阅使、副使，为此职之始。1924年12月11日，巡阅使被全部裁撤。

⑪歇业：即停业，本文指同和堂因抗战原因关闭。

阅读导引

唐鲁孙，本名葆森，字鲁孙，满族人。他对民俗掌故知之甚详，对北京传统文化、风俗习惯及宫廷秘闻了如指掌，有民俗学家之名。加之其出身贵胄，有机会出入宫廷，亲历皇家生活，习于品味家厨奇珍；年轻时只身出外谋职，游遍全国各地，见多识广，又熟谙各地民俗风情，遍尝各省独特美味，对饮食有独到的见解，自号“馋人”，被誉为“华人谈吃第一人”。先后出版《中国吃》《南北看》《天下味》《故园情》《老古董》《大杂烩》《酸甜苦辣咸》《什锦拼盘》《老乡亲》《说东道西》《唐鲁孙谈吃》《中国吃的故事》等 12 部作品集。《中国吃的故事》是作者晚年的忆旧之作，信手拈来，妙趣横生，既可以使人增广见闻，又可以补正史与民俗学之阙。

《同和堂的天梯鸭掌》选自《唐鲁孙谈吃》。民以食为天，吃是文化，是学问，也是艺术。《唐鲁孙谈吃》便是作者“吃文化”与“吃艺术”之集萃。他不但嗜吃会吃，也能吃，无论是大餐厅的华筵残炙，还是夜市路旁摊的小吃，他都能品其精华食其精髓。《唐鲁孙谈吃》让人看了垂涎欲滴。以谈吃为主题，作者将自己的饮食经验真实扼要地写出来，南北珍馐，水陆杂陈，无不见于其笔端。更难得的是，作者将许多佳肴的用料与烹制方法也记录下来，为继承和弘扬传统饮食文化提供了极珍贵的资料。

文学与生活

唐鲁孙将自己的饮食经验真实扼要地写出来，请把你的饮食经验也总结出来并分享给大家。

问题指南

思考

用自己的话将这道失传的“天梯鸭掌”的制作流程概括出来。

评价

“同和堂自抗战军兴就歇业，往后‘天梯鸭掌’也就成为历史名词了。”怎么理解这句话？

扩展

查找资料《名厨“失传菜复原”》头一期，观看北京瑜舍酒店京雅堂中餐厅行政总厨李冬最近复原的北平大菜“天梯鸭掌”的相关视频。

文学寻味

尝一口味道，忆一段过往，叹一刹年华。失传菜的背后是你我都知之甚少的故事与技艺。请收集失传菜并分享给大家。

【语文实践活动】

// 我来说原料 //

活动设计

在烹饪中原料是非常重要的基础部分，俗话说“巧妇难为无米之炊”，没有原料，烹饪就无从下手。我国烹饪原料品种多，涉及面广。面对如此多的烹饪原料，今天我们就来学习一下烹饪原料的分类，了解烹饪原料对烹饪的重要性。老师课前布置任务，让同学们通过网络等现代信息技术手段，查找与原料相关的内容，做成笔记、卡片或 PPT，在活动中进行展示。

活动目标

烹饪原料种类很多，纷繁复杂，通过对烹饪原料的收集分类，让学生了解常见的烹饪原料，从而进一步了解烹饪原料的相关知识，在培养学生熟悉原料的同时，增强珍惜资源、节约环保等意识，同时，培养学生了解不同类型的食材原料，做到物尽其用、分类烹制。

活动准备

1. 学生分成 5 ~ 6 组，每组选出一个小组长，以不同类型“原料”为主题给小组取名。
2. 每组课前了解并收集原料的分类知识。
3. 准备白纸 5 ~ 6 张、彩色笔若干、秒表 1 个。
4. 每组选出一名代表进行介绍，做好活动前的准备工作。
5. 每组选出一名组员组成评委组，制订评分标准，对各组活动的表现进行评分。
6. 选出男、女各一名作为主持人，进行相关的主持准备。

活动步骤

1. 以组为单位，各组围成一圈坐在一起，每组领取一张白纸、彩色笔一盒。
2. 主持人宣布活动规则：在规定的时间内，在白纸上用思维导图形式写出本组代表的烹饪原料类。
3. 计时员宣布计时开始，每组开始进行原料知识思维导图的描绘。
4. 派代表上台展示并介绍思维导图，说说中国烹饪原料有哪些分类。
5. 评分小组根据评分标准对各组的思维导图进行评价。
6. 主持人对活动内容、活动方案做总结。

活动评价

"我来说原料"活动评价表

小组名称	队员积极投入、协作状态好(15分)	内容丰富完整(70分)(分类清晰、分类完整、内容丰富、色彩、版面)	表达流畅、自然不怯场(10分)	评价队员认真、公平、评分合理(5分)	总分

活动反思

学生分组前积极参与中国烹饪原料知识收集活动，了解中国烹饪原料的相关知识，感受中国的地大物博和物类的丰富，树立热爱祖国、热爱中国饮食文化。由于原料多种多样，很多学生把握不住，需要教师进行引导、梳理。

【拓展阅读】

鸡肉饼

丁成厚

贵阳鸡肉饼，原名贵阳市肉饼，因馅而得名。为了突出风味特色，上世纪80年代改为此名。据贵阳市饮食行业的老师傅们回忆和推算，鸡肉饼有100多年历史。解放后，黔味名师荟萃的贵阳市饭店，继承了这一具有地方特色的风味小吃。

鸡肉饼用料讲究，要求技艺精湛。按10个饼用料，饼皮用精粉500克，制成三合面：油面占30%，精粉150克，猪油60克，湿热水揉合；烫面占50%，用精粉250克，加开水揉合；发面占20%，用精粉100克，面粉发酵。把三合面揉匀擀成约为0.5厘米厚，用猪油50克，熟粉25克、花椒面7克、盐5克搅匀，均匀地涂抹在擀平的三合面上，卷成条，下剂子，包馅。这道工序行话叫"开酥"。

10个饼的馅料共400克，其中净鸡肉120克，猪肉180克，肥瘦各半，其他配料

100 克，仔鸡肉、猪瘦肉均剁为细泥，肥膘切为 3 毫米细粒，入锅加料酒、糖、酱油炒成金黄色起锅。将 3 种肉料混合，加入切为细料的水发香菇、水发兰片、金钩、葱花、姜末及麻油、辣椒面、味精，调匀成馅。

金黄、滑润、酥纹密布的鸡肉饼，给顾客以精制、珍贵的感觉。入口外酥内嫩，鲜香扑鼻，既有鸡肉、猪肉的鲜香，又有香菇、兰片的清香，还有金钩的海鲜香，加上其他调料提鲜增香，所以鲜香浓郁，滋味醇厚。各种原料辅料综合，蛋白质含量较高，脂肪含量适度，还有多种氨基酸、维生素、微量元素，营养丰富。

鸡肉饼在贵阳市历次风味小吃评比中均获奖，1984 年获贵阳市优秀风味小吃奖。外地人旅游贵阳，品尝贵阳市独有的鸡肉饼后，都为其独特风味和精湛技艺叫好！

阅读导引

丁成厚，中国烹饪大师，贵州菜泰斗级宗师。多年来研究并实践黔菜，尤其专注于黔东菜系改良、传承和创新。多篇作品见诸于海内外报刊、网站。20 世纪五六十年代在部队期间，从事司务工作，荣立三等功、二等功各一次，转业后在工业财贸系统工作期间被评为省级劳模。70 年代初任市饮食服务科科长，从事业务管理及烹饪技术培训、考核工作。1996 年退休后，在餐饮企业做黔菜厨师，节假日从不休息，走访市内餐饮企业并为他们送去业内报纸杂志，并担任多家杂志驻地代表、记者。至今仍坚持每天行走在企业与厨师之间，为推动黔东地区餐饮事业的发展、提高厨师队伍综合素质做出了巨大贡献。主审铜仁市政协组织编写的《百味铜仁》，参与《中华食文化大辞典·黔菜卷》部分的编写工作，还担任省烹饪协会、省食文化研究会、贵州美食科技文化研究中心等相关工作，带领广大厨师和餐饮企业积极参与行业内的工作活动。

《鸡肉饼》选自《秘味贵州》。该书为贵州黔东菜集大成著作，作者毕一生之时间、精力、心血而完成。本书对鲜为外人所知的贵州东部菜系、流派不仅有理论高度，也有实践操作，更有关于黔菜的传说、掌故及菜谱，是一部适合餐饮、旅游从业者阅读的美食力作，也是一部适合高校烹饪、旅游专业人士阅读研究的贵州黔东菜百科全书，具有较高的阅读、研究收藏价值。

同学们可以寻找、收集当地民族菜的制作流程和营养价值，并与大家分享。

任务四

【文本阅读】

春卷

舒婷

春卷的普及范围是这样狭小，只有闽南人心领神会。厦门和泉州虽同属闽南[①]，春卷体系又有不同，一直在相互较力，裁判公婆各执一词[②]，于是各自发展得越加精美考究。

即使在厦门工作了好几年的外地人，也未必能吃上正宗春卷。隆冬时节大街上小吃摊都有的卖，仿佛挺大众化的。其实，萝卜与萝卜须，吃起来毕竟有很大区别。

有稀客至，北方人往往包饺子待客，而南方人就做春卷吗？也不。即使上宾有如总统，春卷却也不肯召之即来。首先要看季节，最好是春节前后。过了清明，许多原料都走味，例如海蛎已破肚，吃起来满嘴腥[③]。第二要有充足的时间备料。由于刀工要求特别细致，所以第三还要有好心情。当然不必像写诗那么虔诚[④]，但至少不要失魂落魄[⑤]到将手指头切下来。

霜降以后，春卷的主力军纷纷亮相。但是，抹春卷皮的平底锅还未支起来；秋阳熙熙，小巷人家屋顶尚未晾出一簸簸海苔来。这时候的包菜尚有“骨”，熬不糜[⑥]；红萝卜皱皱的，还未发育得皮亮心脆；海蛎还未接到春雨，不够肥嫩；总之，锣鼓渐密，帘幕欲卷，嗜春卷的人食指微动，可主角绝不苟且，只待一声嘹亮。

终于翡翠般的豌豆角上市了，芫荽肥头大耳，街上抹春卷皮的小摊排起了长龙。主妇们从市场回家，倾起一边身子走路——菜篮子那个重呀！

五花肉切成丝炒熟；豆干切成丝炒黄；包菜、大蒜、豌豆角、红萝卜、香菇、冬笋各切成丝炒熟，拌在一起，加上鲜虾仁、海蛎、扁鱼丝、豆干丝、肉丝，煸透，一起装在大锅里文火慢煨。

这是主题，桌上还有不少文章。

春卷皮是街上买的，要摊得纸一样薄，还要柔韧，不容易破。把春卷皮摊平桌上，抹上辣酱，往一侧铺张脱水过的香菜叶，撒上絮好油酥过的海苔，将上述焖菜挤去汤水堆成长形，再撒上蒜白丝、芫荽、蛋皮、贡糖末，卷起来就是春卷。初涉此道的人往往口不停地问先怎么啦再怎么啦，延误时机，菜汁渗透皮，最后溃不成卷。孩子则由于贪心，什么都多多地加，大人只好再帮垫一张皮。因此鲁迅的文章里说厦门人吃的春卷小枕头一般。

曾经到一个外地驻厦门办事处去玩。那儿几个巧媳妇雄心勃勃想偷艺，要做春卷，取出纸笔，要我一一列账备料。我如数写完，她们面面相觑，无人敢接。再去时，她们得意洋洋留我午饭，说是今天有春卷。我一看，原来是厚厚的烙饼夹豆芽菜，想想也没错，这也叫春卷，福州式的。

春卷在厦门，好比恋爱时期，面皮之嫩，如履薄冰；做工之细，犹似揣摹恋人心理；择料之精，丝毫不敢马虎，甜酸香辣莫辨，惊诧忧喜交织其中。到了泉州，进入婚娶阶段，蔬菜类炖烂是主食，虾、蛋、海蛎、扁鱼等精品却另盘装起，优越条件均陈列桌上，取舍分明，心中有数。流传到福州，已是婚后的惨淡经营，草草收兵，锅盔夹豆芽，粗饱。

做春卷是闽南许多家庭的传统节目（传统闽南家庭的家务多由女性承担）。小时候因为要帮忙择菜，锉萝卜丝，将大好的假期花在侍候此物上真是不值，下定决心讨厌它。我大姨妈是此中高手，由她主持春卷大战，我们更是偷懒不得。大姨妈的“春卷情结”影响了我们，除夕晚上，我们几个孩子无一不是因为吃多了春卷而半夜起来灌醋揉肚子干呕的。

每每发誓，轮到我当家，再不许问津春卷。

不料我公公、丈夫、儿子都是死不悔改的春卷迷。今年刚刚入冬，儿子就计较着：“妈妈，今年我又大了一岁，春卷可以吃四个吧？”丈夫含蓄，只问我要不要他帮拎菜篮子。公公寡言，但春卷上桌，他的饭量增了一倍。只好重拾旧河山，把老节目延续下来。

幸亏我没有女儿。

可惜我没有女儿。

【注释】

①闽南：福建简称为闽，闽南即指福建南部，地域上的闽南包括厦门、漳州、泉州、龙岩。但从地域和文化等多方面来说，闽南特指厦门、漳州、泉州三地，并不包括以客家文化为主的龙岩地区。
②各执一词：各人坚持各人的说法。执，坚持。
③腥：形容词，鱼虾等特有的气味。
④虔诚：恭敬而有诚意。
⑤失魂落魄：旧指人身中离开形体能存在的精神为魂，依附形体而显现的精神为魄。形容惊慌忧虑、心神不定、行为失常的样子。
⑥糜：动词，碎。

阅读导引

舒婷，原名龚佩瑜，后改名龚舒婷，福建人。当代女诗人、作家，朦胧诗派代表人物。

代表作有诗歌《祖国啊，我亲爱的祖国》《致橡树》和诗集《双桅船》。

春卷是闽南独特的小吃，普及范围不大，根据地域各有特色。身为厦门人的舒婷，在文章中为大家介绍的就是厦门派的春卷。若想吃到正宗的春卷并非易事，只有季节恰当，材料丰盛，并且心情舒畅，才能做出好春卷。作者在文中不无详尽地介绍了春卷的制作过程：精挑细选出各类时鲜蔬菜、山珍海味，经过细切慢煨制成馅料。摊在柔韧薄如纸般的春卷皮上，加上其他配料，方能卷成春卷。工序虽繁复，但美味也令人垂涎欲滴。厦门人那种精巧细致、讲求品位的生活态度，在这小小的春卷里一览无遗。春卷之所以深受欢迎，不仅因为其味鲜，更因为其属于家庭传统节目。一大家人其乐融融包春卷的场景，旧式家族婆婆对儿媳的赏识，作者对儿子、丈夫、公公的关爱，都从这小小的春卷中慢慢流淌。阅读中触动心弦的不是春卷，而是亲情四溢的温馨。

文学与生活

作者最后庆幸“幸亏我没有女儿”，却又叹息“可惜我没有女儿”，这似乎十分矛盾，但又在情理之中。结合选文及阅读体验，谈谈你对此的理解。

问题指南

思考

舒婷文中的春卷好吃，却不能“召之即来”，你能说出其中的原因吗？

评价

很多地方风味中都有春卷，我们可以描述一下家乡的春卷，谈谈自己的感受。

扩展

从构思技巧和语言艺术的角度赏析《春卷》，写 300 字左右的文章赏析。

文学寻味

借助资料，寻找身边的传统美味。

【语文实践活动】

// 我来做盘饰 //

活动设计

中国菜不仅是鼻子的菜（先闻到香味），也是舌头的菜（尝到味），更是眼睛的菜（需要美的享受）。厨师将做好的菜品呈现到客人面前，除了呈上美味之外，还要对菜品进行点缀，让其更加富有情趣，拉近菜品与客人之间的距离，进而刺激客人的食欲，享受美味，获得美的愉悦。

活动目标

学生通过活动了解到好的菜肴必须具备色、香、味、形、意、养等，其中色、形、意即盘饰的体现。自己动手做盘饰，就是要学会欣赏美，掌握美甚至创造美，成为美好生活的烹饪者。

活动准备

1. 班上学生分成 5 ~ 6 组，每组 6 ~ 8 人，每个组设计制作一个盘饰。可以发挥自己的所长，拼盘、雕刻、糖艺、面塑、果酱画等皆可用于盘饰。

2. 布置展台，将各组学生的作品进行展示，有条件的可以邀请专业教师参与。

活动步骤

1. 对各组学生作品进行打分，评出一等奖 1 名，二等奖 2 名，其余为三等奖。
2. 邀请获奖的前三组的学生代表上台介绍作品。
3. 请专业老师介绍盘饰在菜品中的地位和作用，并现场展示。

活动评价

盘饰制作需要一定的基本功，也需要具备一定的审美能力。每个人都能参与生活美的创建，充分培养自己的审美情趣，提高审美水平，能够发现生活中的美，从而创造美好生活，建设美丽家乡。

活动反思

对没有进入前三名的各组进行分析，指出其差距与不足或需要改进的地方。帮助学生加强基本功训练，并树立做好盘饰的信心。

【拓展阅读】

各类菜肴的装饰法

武国强

烹饪不仅是一门技术，还是一门艺术，摆盘考验菜品制作者的艺术感，深究之下也有迹可循①。这里我把菜品大致分为四类来说明，分别是干类菜肴、酱汁类菜肴、半汤菜类菜肴、汤类菜肴。

先说干类菜肴，如用炸、煎、蒸等方式烹制出的不带汤汁的菜肴，我们可以先在预制阶段做定型处理，比如菊花鱼、炸春卷、花式象形点心等，或是制熟后用模具做辅助定型，如菠菜可以在制熟调味后，用圈形模具制成一个圆柱形，再做简单的点缀装饰，那一定比凌乱堆叠更具美感、立体感。

酱汁类菜肴带有少量酱汁，和干类菜肴差不多，可用平盘摆放，用酱汁画盘等方式，辅助以少量的装饰物点缀即可。相比之下，这类菜肴灵感发挥的空间比较大。

半汤菜类菜肴，相对来说摆盘发挥的空间不是那么大，但可以用前面讲到的“拼摆式”“盛装式”等方法来呈现。如一份椒麻鸡，可以摆成“一封书”或“三叠水”，再淋上汁水；又如蒸菜中的镶碗，可以摆成“风车形”，蒸好后再扣入盘中，不加任何装饰，即可凸显厨师的功底与用心。

汤菜类菜肴大部分是在餐具上下功夫，选用煲仔、砂锅、瓦罐、炖盅等美观合适的餐具盛装即可。

下面是我个人总结的一些现在菜肴美化装饰、菜肴布局的方式方法，希望可以抛砖引玉，相互学习。我称之为“独孤九式”。

局部式：又称盘头式，一种快捷、简单的装盘方式，使用很普遍，多用于中低档菜肴或宴席类大批量制作菜品的装点。

对称式：这种装点方式是使用两种以上相同或不同的事物，成双成对地摆在菜品旁边不同的位置，形成相互对称的图案。

围边式：用饰物对菜肴进行围边点缀，可半围也可围一周。

围中式：将某些饰物置于盘面中央位置，再把菜肴盛装或堆叠在其周围。

间隔式：将某些饰物置于盘中，使菜肴的一种原料与其他原料间隔开，构成拟定的各种形态。

盛装式：用某些蔬果、植物茎叶、贝壳、竹筒，或是自制的米网、面圈等作为盛器，对菜肴进行盛装美化。

垫底式：将某些原料饰物置于盘中进行美化装饰铺垫的一种方式。

拼摆式：如“三叠水”“一封书”“风车形”等，这是传统菜中老师傅们常用的方式。

酱汁渲染式：用菜肴的酱汁在盘中根据自己的构思，画出直线、半圆，或是拍打勺子随意溅射于盘中，再堆叠摆放点缀菜肴。

菜肴的美化装饰组配不拘泥于某种固定形式，依据个人的审美，个人所要表达呈现的意境，对菜肴进行装点即可。

现在的餐饮，单是口味似乎已经不能满足消费者的需求了，作为厨师也要全面发展，从菜品的烹饪美学上增加其附加值。在平日里，我们该多学、多看、多借鉴、多感知生活中的艺术，培养自己的美感，磨炼烹饪技术的同时不忽略烹饪美学的培养，希望将来的自己不只是一名厨师，还是烹饪艺术家。

（节选自《四川烹饪杂志》公众号）

【注释】

①有迹可循：可以从某些方面看出来。迹，痕迹，线索。循，依照沿袭，遵循。

【课外古诗词诵读】

饮马长城窟行①

蔡　邕②

青青河畔草，绵绵③思远道④。
远道不可思⑤，宿昔⑥梦见之。
梦见在我傍，忽觉在他乡。⑦
他乡各异县，辗转不相见⑧。
枯桑知天风，海水知天寒。
入门各自媚，谁肯相为言？⑨
客从远方来，遗我双鲤鱼⑩。
呼儿烹鲤鱼，中有尺素书⑪。
长跪⑫读素书，书中竟何如？
上言加餐饭，下言长相忆。⑬

【注释】

①饮马长城窟行：乐府旧题，原辞已不传，此诗与旧题没有关系。

②《饮马长城窟行》是一首汉代的乐府诗，最早见于南朝梁萧统所作的《昭明文选》，清沈德潜《古诗源》将诗作列入蔡邕名下。

③绵绵：连绵不断之貌。这里义含双关，由看到连绵不断的青青春草，而引起对征人缠绵不断的情思。

④远道：犹言“远方”。

⑤不可思：是无可奈何的反语。这句是说征人辗转远方，想也是白想。

⑥宿昔：一作“夙昔”，昨夜。《广雅》云：“昔，夜也。”

⑦“梦见”二句：刚刚还见他在我身边，一觉醒来，原来是南柯一梦。

⑧不相见：一作“不可见”。

⑨“入门”二句：别人回到家里，只顾自己一家人亲亲热热，可又有谁肯来安慰我一声。媚，爱。

⑩遗我双鲤鱼：古人寄信是藏于木函中，函用刻为鱼形的两块木板制成，一盖一底，

所以称之为“双鲤鱼”。以鱼象征书信，是中国古代习用的比喻。遗，赠与；送给。双鲤鱼，指信函。

⑪中有尺素书：这句是说打开信函取出信。尺素，指书信。古人写信是用帛或木板，其长皆不过尺，故称“尺素”或“尺牍”。

⑫长跪：古代的一种跪姿。古人日常都是席地而坐，两膝着地，犹如今日之跪。长跪是将上躯直耸，以示恭敬。

⑬“上言”二句：信里先说的是希望妻子保重，后又说他在外对妻子十分想念。餐饭，一作“餐食”。

【译文】

看着河边连绵不断的青青春草，让人想起那远行在外的征人。

远在外乡的丈夫不能终日思念，只有在梦中才能相见。

梦里见他在我的身旁，一觉醒来发觉他仍在他乡。

其他乡各有不同的地区，丈夫在他乡漂泊不能见到。

枯桑虽已无叶尚且知道天风的拂吹，海水虽然广大不易结冰，也可知道天气变冷了。

同乡的游子各自回到家门与家人亲爱，有谁肯向我告诉我丈夫的讯息？

客人风尘仆仆从远方来，送给我装有绢帛书信的鲤鱼形状的木盒。

呼唤童仆打开木盒，其中有尺把长的用素帛写的信。

恭恭敬敬地拜读丈夫用素帛写的信，信中究竟说了些什么？

书信的前一部分是说要增加饭量保重身体，书信的后一部分则诉说思念。

白马篇①

曹　植

白马饰金羁②，连翩③西北驰。
借问谁家子，幽并④游侠儿。
少小去乡邑⑤，扬声⑥沙漠垂⑦。
宿昔⑧秉⑨良弓，楛矢⑩何⑪参差⑫。
控弦⑬破左的⑭，右发摧⑮月支⑯。
仰手接⑰飞猱⑱，俯身散⑲马蹄⑳。
狡捷过猴猿，勇剽㉑若豹螭㉒。
边城多警急，虏骑㉓数迁移㉔。
羽檄㉕从北来，厉马㉖登高堤。
长驱㉗蹈㉘匈奴，左顾㉙凌㉚鲜卑㉛。
弃身㉜锋刃端，性命安可怀㉝？

父母且不顾，何言子与妻！
名编壮士籍[34]，不得中顾私[35]。
捐躯[36]赴[37]国难，视死忽如归！

【注释】

①白马篇：又名“游侠篇”，是曹植创作的乐府新题，属《杂曲歌·齐瑟行》，以开头二字名篇。
②金羁：金饰的马络头。
③连翩：连续不断，原指鸟飞的样子，这里用来形容白马奔驰的俊逸形象。
④幽并：幽州和并州，在今河北、山西、陕西一带。
⑤去乡邑：离开家乡。
⑥扬声：扬名。
⑦垂：同“陲”，边境。
⑧宿昔：早晚。
⑨秉：执、持。
⑩楛矢：用楛木做成的箭。
⑪何：多么。
⑫参差：长短不齐的样子。
⑬控弦：开弓。
⑭的：箭靶。
⑮摧：毁坏。
⑯月支：箭靶的名称。
⑰接：接射。
⑱飞猱：飞奔的猿猴。猱，猿的一种，行动轻捷，攀缘树木，上下如飞。
⑲散：射碎。
⑳马蹄：箭靶的名称。
㉑勇剽：勇敢剽悍。
㉒螭：传说中形状如龙的黄色猛兽。
㉓虏骑：指匈奴、鲜卑的骑兵。
㉔数迁移：指经常进兵入侵。数，经常。
㉕羽檄：军事文书，插鸟羽以示紧急，必须迅速传递。
㉖厉马：扬鞭策马。
㉗长驱：向前奔驰不止。
㉘蹈：践踏。
㉙顾：看。
㉚凌：压制。

㉛鲜卑：中国东北方的少数民族，东汉末成为北方强族。
㉜弃身：舍身。
㉝怀：爱惜。
㉞籍：名册。
㉟中顾私：心里想着个人的私事。中，内心。
㊱捐躯：献身。
㊲赴：奔赴。

【译文】

白色的战马，饰着金黄的辔头，直向西北飞驰而去。
请问这是谁家的孩子，是幽州和并州的游侠骑士。
年纪轻轻就离开了家乡，到边塞显身手建立功勋。
楛木箭和强弓从不离身，下苦功练就了一身武艺。
拉开弓如满月左右射击，一箭箭中靶心不差毫厘。
抬手就能射中飞驰而来的东西，俯身就能打碎箭靶。
他灵巧敏捷赛过猿猴，又勇猛轻疾如同豹螭。
听说国家边境军情紧急，侵略者一次又一次进犯内地。
告急信从北方频频传来，游侠儿催战马跃上高堤。
随大军平匈奴直捣敌巢，再回师扫鲜卑驱逐敌骑。
上战场面对着刀山剑树，从不将安和危放在心里。
连父母也不能孝顺服侍，更不能顾念那儿女妻子。
名和姓既列上战士名册，早已经忘掉了个人私利。
为国家解危难奋勇献身，把死亡看得像回家一样平常。

第三单元

妙笔呈味

单元导读

美食，让人难以抗拒的诱惑；美文，让人获得精神的愉悦。

如何在品尝、欣赏美食之后，把自己的所感、所想、所悟用优美的语言描述出来，把鲜美的五味呈现在读者面前，就是这个单元要达到的效果，真正成为“一手拿锅，一手拿笔；一口吃饭，一脑思考”的复合型人才。怎样做美篇，怎样写简报，怎样写菜肴的制作流程，怎样写应用文，怎样拍视频、写视频脚本等，一起来学习学习吧。

任务一

【文本阅读】

狮子头

梁实秋

狮子头，扬州名菜。大概是取其形似，而又相当大，故名。北方饭庄称之为四喜丸子[①]，因为一盘四个。北方作法不及扬州狮子头远甚。

我的同学王化成先生，扬州人，幼失怙[②]，赖姑氏扶养成人，姑善烹调，化成耳濡目染[③]，亦通调和鼎鼐[④]之道。化成官外交部多年，后外放葡萄牙公使历时甚久，终于任上。他公余之暇，常亲操刀俎[⑤]，以娱嘉宾。狮子头为其拿手杰作之一，曾以制作方法见告。

狮子头人人会作，巧妙各有不同。化成教我的方法是这样的——

首先取材要精。细嫩猪肉一大块，七分瘦三分肥，不可有些须筋络纠结于其间。切割之际最要注意，不可切得七歪八斜，亦不可剁成碎泥，其秘诀是“多切少斩”。挨着刀切成碎丁，越碎越好，然后略为斩剁。

次一步骤也很重要。肉里不羼[6]芡粉，容易碎散；加了芡粉，黏糊糊的不是味道。所以调好芡粉要抹在两个手掌上，然后捏搓肉末成四个丸子，这样丸子外表便自然糊上了一层芡粉，而里面没有。把丸子微微按扁，下油锅炸，以丸子表面紧绷微黄为度。

再下一步是蒸。碗里先放一层转刀块冬笋垫底，再不然就横切黄芽白作墩形数个也好。把炸过的丸子轻轻放在碗里，大火蒸一个钟头以上。揭开锅盖一看，浮着满碗的油，用大匙把油撇去，或用大吸管吸去，使碗里不见一滴油。

这样的狮子头，不能用筷子夹，要用羹匙舀，其嫩有如豆腐。肉里要加葱汁、姜汁、盐。愿意加海参、虾仁、荸荠、香蕈[7]，各随其便，不过也要切碎。

狮子头是雅舍食谱中重要的一色。最能欣赏的是当年在北碚的编译馆同仁萧毅武先生，他初学英语，称之为“莱阳海带”，见之辄[8]眉飞色舞。

化成客死异乡，墓木早拱矣，思之怃然！

（选自梁实秋散文集《雅舍谈吃》）

【注释】

①四喜丸子：经典的中国传统名菜之一，属于鲁菜菜系。由四个色、香、味俱佳的肉丸组成，寓人生福、禄、寿、喜四大喜事。常作为喜宴、寿宴等宴席中的压轴菜，取其吉祥之意。

②失恃：《诗·小雅·蓼莪》：“无母何恃？”后称母亲死去为“失恃”。自幼失恃，父子相依。参见“失怙”。

③耳濡目染：指经常听到看到，不知不觉地受到影响。濡，沾湿。染，沾染。

④鼎鼐：意思是鼎和鼐，古代两种烹饪器具。

⑤刀俎：指刀和砧板，原为宰割的工具，现比喻生杀之权掌握在他人手里，自己处于被人宰割的地位。如“如今人方为刀俎，我为鱼肉，何辞为。”（《史记·项羽本纪·鸿门宴》）

⑥羼：搀杂。

⑦香蕈：又称香菇、花菇，为侧耳科植物香蕈的子实体。我国特产，在民间素有“山珍”之称。它是一种生长在木材上的真菌，味道鲜美，香气沁人，营养丰富，富含维生素B群、铁、钾、维生素D原（经日晒后转成维生素D），味甘，性平。主治食欲减退，少气乏力。

⑧辄：总是，就。

阅读导引

梁实秋，原名梁治华，字实秋，笔名秋郎、子佳、程淑等，浙江杭州人，中国现当代散文家、学者、文学批评家、翻译家。

20 世纪 30 年代，梁实秋开始翻译莎士比亚作品，持续 40 载，到 1970 年完成了全集的翻译，共计剧本 37 册，诗 3 册。晚年他又用 7 年时间完成了百万言著作《英国文学史》。

文学与生活

梁实秋的这篇《狮子头》描述了狮子头的制作方法，笔法娴熟，描绘美食时色香味俱全，令人食指大动，带着民俗的“活气”，很接地气。豆汁儿、菜包、豆腐、饺子这些常见食物在他的散文里也能香气四溢，诱得人涎水直流。

问题指南

思考

“狮子头人人会作，巧妙各有不同。”请思考这个巧妙所在。

评价

说说梁实秋的散文语言特色。

扩展

阅读梁实秋《雅舍谈吃》，并选择一篇文章写读后感。

文学寻味

借助这篇散文，上网搜一搜，试着做一做狮子头这道菜。

【语文实践活动】

// 我来展技艺 //

活动设计

烹饪的实操性很强，它需要学习者像练功夫一样打好扎实的基本功。设计此次语文活动，就是将烹饪技能艺术带进课堂，不仅能说，还要能做。用平时训练的刀工技巧，切出作品；雕刻技巧，呈现作品；冷菜拼盘技术等展示给大家看。在设计中以学生技艺展示为主，发掘悟性较高的学生，在班上成立兴趣小组。

活动目标

展示自己的多才多艺，使学生认识到技能的重要性，更加努力地训练基本功，磨炼自己的品质。

活动准备

1. 按照班级人数，将学生分为 5 ~ 8 人一组，每组学生准备技艺展示的内容。
2. 各组按照展示内容准备道具，如计时器、垃圾袋、设计图等。
3. 准备展示的场地。
4. 选择 2 名学生作为主持人，主持人准备台词。
5. 邀请 1 ~ 3 名专业教师作为评委或特邀嘉宾，选出 3 名学生作为评委组成员。

活动步骤

1. 主持人介绍技艺展示的准备情况，并宣布技艺展示开始。
2. 各小组上台展示才艺，时间控制在 5 分钟左右。
3. 评委组进行评判，并汇总得分。
4. 宣布展示成绩。
5. 对活动进行总结。

活动评价

对学生本次活动表现进行评价，鼓励学生树立工匠精神，做到精益求精、创新进取、锲而不舍，不达目的决不放弃。

活动反思

对活动过程进行反思，点评学生的准备情况，查找和分析其中存在的问题。

【拓展阅读】

吃喝之外

陆文夫

我觉得许多人在吃喝方面都忽略了一桩十分重要的事情，即大家只注意研究美酒佳肴，却忽略了吃喝时的那种境界，或称为环境、气氛、心情、处境等等。此种虚词不在酒菜之列，菜单上当然是找不到的。可是对于一个有文化的食客来讲，虚的却往往影响着实的，特别决定着对某种食品久远、美好的记忆。

五十年代，我在江南的一个小镇上采访，时过中午，饭馆说是饭也没有了，菜也卖光了，只有一条鳜鱼养在河里，可以做个鱼汤聊以充饥。我觉得此乃上策，便进入那家小饭馆。

这家饭馆临河而筑、正确点说是店门在街上，小楼是架在湖口的大河上。房屋下面架空，可以系船或作船坞，是水乡小镇上常见的那种河房。店主领我从店堂内的一个窟窿里步下码头，从河里拎起一个扁圆形的篾篓，篓内果然有一条活鳜鱼，约两斤不到点。

我从一架吱嘎作响的木扶梯上了楼。楼上空无一人，窗外湖光山色，窗下水清见底，河底水草摇曳；风帆过处，群群野鸭惊飞；极目远眺，隐隐青山若现。“青山隐隐水迢迢，秋尽江南草未凋。”鱼还没吃呐，那情调和味道已经来了。

“有酒吗？”

“有仿绍。”

“来两斤。”

两斤黄酒，一条鳜鱼，面对碧水波光，嘴里哼哼唧唧，“秋水共长天一色，落霞与孤鹜齐飞。”低吟浅酌，足足吃了两个钟头。

此事已经过去了三十多年，三十多年间我重复啖过无数次的鳜鱼，可我总觉得这些制作精良的鳜鱼，都不及三十多年前在小酒楼上吃到的那么鲜美。其实，那小酒馆里的烹调是最简单的，和得月楼的鳜鱼放在一起，那你肯定会感到得月楼胜过小酒楼。可那青山、碧水、白帆、闲情、诗意又在哪里……

有许多少小离家的苏州人，回到家乡之后，到处寻找小馄饨、豆腐花、臭豆腐干、糖粥等这些儿时或青少年时代常吃的食品。找到了以后也很高兴，可吃了以后总觉得味道不如从前。可能是这些小食品的制作不如从前，因为现在很少有人愿意花大力气赚小钱，不过，此种不足还是可以想办法加以恢复或改进的，可那“味道”的主要之点却无法恢复了。

那时候你吃糖粥，可能是依偎在慈母的身边，妈妈用绣花挣来的钱替你买一碗粥，看着你站在粥摊旁吃得又香又甜，她的脸上露出了笑容；看着你又饿又馋，她的眼中含着热泪。你吃的不仅是糖粥，还有慈母的爱怜、温馨的童年。

那时候你吃豆腐花，也许是到外婆家作客的，把你当作宝贝的外婆给了一笔钱，让表姐表弟陪你去逛玄妙观，那一天你们简直是玩疯了。吃遍了玄妙观里的小摊头之后，还看了出猢狲把戏。童年的欢乐，儿时的友谊，至今还留在那一小碗豆腐花里。

那一次你吃小馄饨，也许是正当初恋，如火的恋情使你们二位不畏冬夜的朔风，手挽着手，肩并着肩，在那空寂无人的小巷里，无休止地弯来拐去。到夜半前后，忽见远处有一簇火光，接着又传来了卖小馄饨的竹梆子声，这才使你们想到了饿，感到了冷。那小馄饨的味道也确实鲜美，更主要的却是爱情的添加剂。如今你耄耋老矣，他乡漂泊数十年，归来重游旧地，住在一家高级宾馆里，茶饭不思，只想吃碗小馄饨。可你还是觉得宾馆里的小馄饨没有担子上的小馄饨有滋味。世界上最高明的厨师，也无法调制出那初恋的滋味。冬夜、深巷、寒风、恋火已经与那小馄饨共酿成一坛美酒，这美酒在你的心中、在心灵深处埋藏了数十年，酒是愈陈愈浓愈醇厚，也许还混和着不可名状的百般滋味。

近几年来，饮食行业的朋友们也注意到了吃喝时的环境，但往往只是注意饭店装修，洋派、豪华、浮华甚至庸俗。也学人家服务，由服务员分菜，换一道菜换一件个人使用的餐具，像吃西餐似的。西餐每席只有三四菜，好办。中餐每席有十几二十几道菜，每道菜都换盘子、换碟子，叮叮当当忙得不亦乐乎，吃的人好像是在看操作表演，分散了对菜肴的注意力。有一次我和几位同行去参加此种“高级”宴会，吃完了以后我问几位朋友：“今天到底吃了些什么？”一位朋友回答得好：“吃了不少盘子、碟子和杯子。”

阅读导引

陆文夫，江苏泰兴人，曾任苏州文联副主席、中国作家协会副主席等。在50年文学生涯中，陆文夫在小说、散文、文艺评论等方面都取得了卓越的成就，他以《献身》《小贩世家》《围墙》《清高》《美食家》等优秀作品和《小说门外谈》等文论集饮誉文坛，深受中外读者的喜爱。

阅读本文，请思考“对于一个有文化的食客来讲，虚的往往影响着实的，特别决定着对某种食品久远、美好的记忆”这句话在文中的作用。文章多处描写了“味道”，请结合文本内容概括影响味道的几个要素。文章以朋友“吃了不少盘子、碟子和杯子”这句话结尾，有什么深意，请联系全文进行探究。

试着分析“境界”与“气氛”在具体菜品之外对食客的影响。

任务二

【文本阅读】

地瓜叶的前世今生

陈文荣

童年居住在农村，农民最主要的副业就是养猪，等到猪只[①]出售，对增加农民收入有点帮助。

当时，从大连运到台湾的豆饼，就是黄豆榨油后的豆渣，压缩成直径约40厘米，厚度约8厘米的豆饼。用刀子削成薄片，用来喂食刚断奶的小猪。

豆饼成本贵，猪长到十几千克时改用馊水[②]或地瓜叶喂食。

夏天地瓜盛产期，地瓜叶取得容易，我家也养了几头小猪，遇到假日，母亲就要我们兄弟捡地瓜叶回家，用柴刀切成段，放在大铁锅里，加水煮熟，冷却后，放进猪槽里，喂养大猪。童年采摘地瓜叶，切煮过程繁琐，忙碌，留下深刻印象。

母亲常采摘幼嫩的地瓜叶，以开水烫过，捞起，放进大碗里，加适量的盐巴、大蒜末，拌一点猪油，即成为一道容易接受的家常菜。烫熟幼嫩的地瓜叶，拌上滑腻的猪油，加上淡淡的大蒜香味，味道很迷人。

地瓜叶现在成为家庭餐桌上的保健菜肴。不论煮还是炒，都很受欢迎。地瓜叶纤维质多，可以帮助消化，多吃有益健康。经过半世纪的演变，早年的猪菜——地瓜叶大翻身，变成热门的健康食品，是令人想象不到的。

二弟夫妇来访，带了好多农产品，其中有一大把地瓜叶。她说："地瓜叶自己种的，不必照顾，长了一大片，茂盛得很，常常摘来吃，都吃不完哩！"晚餐我们煮一大碗地瓜叶，拌点色拉油，加点大蒜末，放点盐巴，就是一道颇受都会人士喜爱的野菜。兄弟俩嚼着地瓜叶，怀想童年种种，感触特别多。

地瓜熬地瓜叶，就成为"菜粥"，撒一把盐当作料。不管你爱不爱吃，肚子饿了，就喝上几碗，填饱肚子再说。

地瓜叶用来喂猪，连饲料费都省下来。现代的猪好命多了，半个世纪前的喂猪方式，现在恐怕行不通了。

初夏地瓜成熟时全体总动员，全村人投入采收行列。大埕[③]里堆积的地瓜仿佛一座小山，隔日凌晨天还没亮，大人将地瓜刨成签，小朋友协助搬运将刨好的签晾在大埕上，利用炎热阳光晒成地瓜签，储藏起来充当粮食。

地瓜叶看起来卑微，然而在那艰苦的年代，帮我家很大的忙，得以养肥猪只出售补贴家用，成为兄弟们的学费来源。因此对地瓜叶，我们一直心怀感念。

【注释】

①猪只：猪的总称。

②馊水：泔水。饭馆或家庭在吃完饭后，把剩下的饭菜之类倒在一起，那些剩饭剩菜就叫泔水，也被称为餐饮垃圾，是人类生活过程中使用剩下的饮食废弃物。
③埕：中国福建和广东沿海一带饲养蛏类的田。

阅读导引

陈文荣，爱好阅读、摄影、旅游，以散文抒感，回味古早吃食及人间情怀。早年创作发表100多篇短篇小说，曾出版《宝岛风情画》《夜豹》；另出版散文集《欢乐年华》《田园之歌》《勇者画像》等。

文学与生活

随着人们生活水平慢慢步入小康，过去地里那些不愿意吃的野菜，如今却成为餐桌上的美食。野菜种类实在是太多了，吃法也太多了，而且很多野菜还有不小的药用价值。比如藤三七的果实，虽然长相丑陋，但却是一种名贵的中药药材，可以起到降血脂和降血压的作用，如今价格昂贵，吸引了大批人种植。今天介绍的地瓜叶从前是猪草，现在却成了人们餐桌上的最爱，有着药用价值。

问题指南

思考

这地瓜叶的前世指什么？今生又是指什么？为什么会有这些变化呢？

评价

作者写地瓜叶的前世今生，字里行间透着对地瓜叶的感念，也透出对童年的满满回忆。你是否认同作者的看法，请说明。

扩展

你还认识哪些野菜，说出其药用价值并分享。

文学寻味

到田野里找找时令野菜，做一道野味菜肴。

【语文实践活动】

// 我是美食家 //

活动设计

让学生进行课前学习写作的相关准备，让学生喜欢写作美食类文章，投入到饮食文化相关内容的收集中去。鼓励学生积极动手，积极思考，积极秀出自我，熟悉饮食文化及相关文化类型，热爱饮食文化，做中华饮食文化的创造者、传播者，使自己的人文素养得到熏陶和洗礼，更加热爱中华文化。

活动目标

1. 了解美食文化。
2. 能根据自己的经验品评美食或者关于美食的所感所想所悟，写关于美食的文章。
3. 具备语文核心素养的同时具备一定的职业核心素养。

活动准备

1. 每位学生根据自己的阅历选定自己要写的美食或者是自己对美食的所感所想所悟。
2. 教师做好美食文章的写作指导。

活动步骤

1. 同学们课后写好美食文章。
2. 组内互评，评选出美食好文三篇。
3. 组内推荐人员上台分享自己的美食文章。
4. 展示优秀的美食文章。

活动评价

“我是美食家”活动评价表

小组名称	活动过程（10分）（队员积极投入、协作状态好）	内容丰富完整（60分）	语言表达流畅自然、不怯场（10分）	有鲜明特色（10分）	评分队员认真、公平、评分合理（10分）	总分

活动反思

美食是凝聚感情的，文章则是表现美食的载体。关于美食，我们或看或品或写，要求学生通过这次活动，学写关于美食的文章，做一个小美食作家。

【拓展阅读】

怎一个爽字了得①

胡忠礼②

我们走进一家牛肉粉店。较几年前，店堂靓丽了、整洁了，在我们喊了双加（加肉加粉）后，不一会儿，端上来一碗，汤色清清，不见油花，粉白肉红佐料绿的牛肉粉。细看，有红褐色的是六七片香卤牛肉片，十来颗清炖熟透的牛肉丁，配上刚刚冒熟而劲道的鲜米粉，加上精心泡制的酸莲花白，辅以切成节的芫荽和绿白相间的葱花，桌上还摆放有贵州人专属的煳辣椒面、青花椒粉、酱油和毕节的安底晒醋。

可以根据自己的口味，在餐桌上的调料盒里舀上一些煳辣椒面或青花椒粉。喝一口汤，清爽，又很醇厚；味厚，又那么清淡；淡雅，又透着一点点辣的感觉；而且完全没有一点味精、鸡精的修饰，清水芙蓉般的天然；米粉的爽滑，是那么的柔嫩，放进嘴里，仿佛吸一口气，它就会自然地滑进喉咙，自然走进你的胃里，是那么的顺畅；牛肉进口喷香、细腻的肉质，绵软的口感，细嚼化渣的一系列变化，是那么的爽朗，美妙……

就那么一口，不，是双加的牛肉粉，一气呵成地塞进肚里，整个胃都在歌唱，麻木了近一整天的感官，瞬时复苏，脸上的表情都变了，好像一个薄薄的壳被敲碎了，所有的肌肉、每一条纹理都活了起来。只有一个字可以表达——爽。

爽的不光是牛肉粉，还有一些小配菜，那才是净爽，我总忘不了那小香脆辣椒，脆脆的，香香的，吃在嘴里，与牙齿的紧密接触时慢慢漾出的一股香香的辣味，袅袅地弥留在口腔；我总忘不了那切得碎细的青椒，经精心炒制后，辣辣的，糯糯的，吃一口烫烫的牛肉粉或是鹅肉粉，就上一口这青椒，原本的清香味和炒制变化出来的香辣的青椒，烫的，辣的，麻的齐涌上口头，直入喉咙，身上所有的细胞都被唤醒，那滋，那味，确实够味。

【注释】

①本文曾获2012年贵阳市中职学生“文明风采”征文比赛一等奖，指导教师：吴茂钊。

②贵阳市旅游学校2012级中餐烹饪专业学生。

我的黔菜梦

贵阳市女子职业学校12级中西式烹饪班全体同学

大地回春，
寒冷的冬天已经远去，
春天悄悄地来到我们的身边。
春天是一个汗水的季节，
也是一个播种的季节，
她给我们带来了不一样的希望！
温暖的春风吹进我们校园，
科学发展观让我们拥有了希望！

我们是幸运的一代。
新型的师徒制教学，
将引领我们走向新的领域，
让我们这群黔菜小子，
在春意盎然的季节里，
在烹饪的世界里，
挥洒青春汗水，
尽情翱翔！

啊，老师，
啊，师傅，
您是我们的导师，
是我们的父亲，
更是我们的保护神！
我们将会终生敬重您！

烹饪是技术
烹饪是艺术，
烹饪是魔术，
像一块磁铁，
紧紧吸附着我们的心。

我们是幸福的一代，
我们有技术精湛的师傅！

我们有肝胆相照的师兄们！
我们的将来，
充满着希望。
不断努力，
不断磨炼，
我们这群雏鹰一定会展翅高飞！

啊，我的梦，
我的黔菜梦，
我的中国梦！
让黔菜走出大山，
走向世界，
我愿意奉献我们的青春，
我们的智慧！

任务三

【文本阅读】

有情怀，老味道
——家乡的破酥包
冉雪梅

麦秸秆[①]的清香从底部散发出来，高高的蒸笼每日里热气腾腾！

有模有样！但是因为面团太软，包了馅揉捏成型却是那么不容易呀！在手里捯饬[②]的时候，一不小心可能就会掉在地上去了。

热腾腾出笼，泡酥酥的模样，一看就有很高颜值！

趁热吃，馅芯柔润细腻，甜咸葱香综合的味道和着酥皮在口中如此饱满，若是贪吃起来，一个大包都扛不住吃！浸着甜！

三鲜大馅满满当当于面心，鲜香浓郁，温润甜柔，眼馋着，控不住，口水……

这样的大包，皮酥百层（大师裹了 50 圈）。酥皮薄透，轻轻一揭，如翼飞舞。这翩跹[③]的模样，像新娘美丽的裙。

当然，这样的品质，唯有好材好料方能成全。这白如凝脂的猪油，色泽新鲜的肉沫，一看就是高品质啊！

食材品质，是成就好味道的前提！当然，这猪油这肉沫，没得讲的了！把面揉成这样，的确很是需要一点功夫和技术的。用专业的说法就是，透明见指而不破！

就是这样，一个个细致用心包出来的。

这就是破酥包，匠心独具，层次分明，用心用情，心甜面软，回味无穷。

【注释】

①秸秆：农作物的茎。

②捯饬：整理、收整，梳洗整理自己的仪容。

③翩跹：形容轻快地跳舞。

阅读导引

本文是新兴网络文体形式——美篇。美篇是一款图文创作分享应用 App，解决了微博、微信朋友圈只能上传 9 张图片的痛点，为用户创造了流畅的创作体验，是用户发布游记、摄影大片、美文，记录美食、生活、情感的选择。美篇是一款好用的图文编辑工具，能发 100 张图片，任意添加文字描述、背景音乐和视频，1 分钟就能写出像公众号一样图文并茂的文章。让你在朋友圈写游记、秀美食美照、展才艺更精彩！美篇设置了摄影、旅行、生活、兴趣、美文等分类栏目，用户可以与顶级摄影大咖、旅行达人、热爱美食和生活等有相同频率的朋友互动交流。

文学与生活

破酥包是贵州贵阳、安顺等地的面点名小吃，它要求使用特殊手法开酥，让面点呈多层次，包裹上香甜馅料，入口即化。

制作这道面点，需要严格按照工艺进行，也需要具有匠心精神，细致认真，才能做好。

QQ、微信、支付宝、钉钉、美篇等新的网络交流方式已经成为人们重要的交际手段，大家也都适应了它们，也在利用它们进行网络支付、思想交流、文学传播等活动，我们无法回避，也不能回避，所以要试着去研究使用它们。

问题指南

思考

想一想，本文在介绍这一道名面点时，哪些地方给了你启示？

除了美篇，你还了解哪些网络编辑软件？

评价

像美篇等网络编辑软件文字不多，但是声情、图文并茂，甚至还能插入视频、动画等，值得我们学习，特别是宣传推介自己的产品时，应用新媒体形式会收到事半功倍的效果。

扩展

同学们不仅要掌握扎实的烹饪技能，还要学会掌握新的宣传自己、宣传自己产品的方法，赢得更多点击量，增加自己的知名度。

文学寻味

这篇美篇介绍了破酥包的制作方法，将破酥包的特色显示在短文中，图文并茂，让人垂涎不已。

简　报

第 × 期

烹饪部　　　　2018 年 9 月 12 日

技艺不可轻，机会难再得
——上海“糖魔”许维糖艺技能展示

2018 年 9 月 11 日上午 9：00，烹饪专业部邀请了在糖艺界有“糖魔”之称的糖艺师许维，为烹饪部 2018 级的全体同学展示了糖艺技能。

许维，四川大竹人，上海冷菜主管、中国糖艺大师、面塑教师、高级雕塑大师。15 岁闯荡上海滩，创办了自己的许维糖艺、面塑培训工作室，并担任技术主讲老师。他尤其精通上海冷菜美食，在美食装饰上不断创新与改革，突破传统手法。在糖艺、面塑、雕塑上有独特风格和独创见解，被媒体誉为“‘糖魔’许维”“中国糖艺写实人物第一人”。

糖艺是指将砂糖、葡萄糖或饴糖等经过配比、熬制、拉糖、吹糖等造型方法加工处理，制作出具有观赏性、可食性和艺术性的独立食品或食品装饰插件的加工工艺。糖艺制品色彩丰富绚丽，质感剔透，三维效果清晰，是西餐行业中最奢华的展示品或装饰原料。在发达国家和高级酒店，糖艺的制作已经发展到一定水平，是西点装饰品中最完美的组合，使用较为普遍。

今天上午，许维大师给烹饪部师生们展示了如何熬制糖浆，如何拉糖，如何制作叶片、花瓣以及如何进行粘接等工艺。在他娴熟的操作下，一件件精致精良的作品很快呈现在大家眼前。只见玫瑰绽放、天鹅放舞、马蹄花开、竹空有节、金荷灿灿，赚足了大家的眼球。

制作糖艺能够培养学生的动手能力。在制作过程中，需要学生具有一定的审美水平，对物品的构图比例有一定的认知，同时还要求学生细心、耐心和专注，具有锲而不舍的工匠精神。糖艺制作是烹饪专业师生和糖艺爱好者欣赏美、创造美最好的训练手段之一。

通过这次展示，师生们都认识到技艺不能轻视，也不可轻言放弃。这种机会每一次都很难得，希望今后多开展这样的活动。

××× 老师全程进行了详尽的解说。

报：学校办公室

送：各处室

（共 ××× 份）

阅读导引

简报是广泛使用的一种比较特殊的文种。它可以用于汇报工作、反映情况、指导工作、交流经验、传递信息。简报的种类很多，按时间可分为定期简报和不定期简报；按阅读范围可分为只送领导机关或领导人传阅的简报，同时发送上下、左右机关传阅的简报和内部传阅的简报等；按内容性质可分为会议简报、工作简报（动态）、情况简报、专题简报等。

简报通常由报头、报身（正文）、报尾三部分组成。报头一般占首页 1/3 的上方版面，用间隔红线与正文部分隔开。报头内容：报名，例如 ×× 简报、×××× 简讯，一般用大字套红，醒目大方。期数，排在报名的正下方，有的连续出，还要注明总期数。总期数用括号括入。编号，排在报头右侧的上方位置。编发单位，排在横隔线左上方的位置。印发日期，在横隔线右上方的位置。正文就是文章部分，是简报的主体。要围绕一个中心，从不同角度反映某一个问题。报尾在末尾的下方，用两条平行线框住，左侧写报、送、发单位的名称或个人姓名、职务，右侧写本期印发份数。

文学与生活

简报、美篇都是现实生活中不可缺少的写作文体。特别是举行大型活动，就需要写作简报来记录、上报。与简报相比，美篇形式多样，不拘形式，风格大有不同，较自由。

问题指南

思考

怎样写好简报与美篇？

评价

评评简报与美篇的异同。

扩展

写一期活动的简报或美篇。

文学寻味

到田野里找找时令野菜，做一道野味菜肴，制作一个美篇。

【语文实践活动】

// 我做小编辑 //

活动设计

本次语文实践活动内容是让学生学会编辑杂志的相关知识点，分组合作编辑一本美食杂志，培养学生收集资料、筛选资料、编辑文字以及写作的能力，分担编辑过程的苦闷，共享编辑杂志过程的快乐。关注学生在实践活动中的认识，提升学生在活动过程中的情感体验，使学生心中根植热爱语文的情感，懂得语文在生活中的重要性。

活动目标

1. 了解大量关于美食的知识和文化。
2. 能锻炼他们查阅资料、筛选资料、合作解决问题和编辑杂志的能力。
3. 学生在教师的指导下了解一部分编辑知识。
4. 学生知晓如何分组分类收集相关专题资料的知识，有助于培养学生自主、合作、探究的学习方法。
5. 在信息时代，学会用好信息化手段学习语文知识。
6. 锻炼学生的写作能力，对材料的分析、综合能力，提高文章处理的能力以及语意的理解力。

活动准备

1. 学生了解编辑知识，教师指导学生分组。

2. 教师指导讲析编辑知识。

知识点：

2.1 编辑计划的内容［拥有稿件—设计专题—备用稿件清单—空白样刊—暂定的标题—标明广告位置—使用合适的混合编辑材料（不同类型、不同主题、相同主题）—有个性的展示—稿件圈定］

2.2 必不可少的稿件的条件（多样的主题，丰富的格调；不同的长度，吸引人的照片或图片；不同的起始页，有宣传作用；重视中心跨页，竞争性的安排）

2.3 文字编辑其他工作（核对事实—修整稿件—语言加工—统一体例）

2.4 其他的考虑（什么地方用色彩 + 排版样式的选择 + 起伏的效果 + 广告的配合）

2.5 编辑文字的程序（跟踪稿件—评估稿件—修改文稿—采用或者拒绝稿件—标题制订—使用内容提要）

2.6 如何制订标题（理解文章，抓主旨；采用疑问句；抓文章基调；不要担心标题的长短和占用的版面）

2.7 跟踪稿件程序（建立跟踪每一份稿件情况体系—建立一份登记单—评估稿件—安排约稿）

2.8 编辑评估（阅读来稿 + 填稿件评估表）

2.9 其他（引言 + 插图说明 + 杂志名 + 内容选题 + 人员调配）

活动步骤

1. 分组阶段（课外时间）

一个小组 10 人，分成 4 组，每组选出 1 个主编，9 个责任编辑。分工：1 个主编负责确定杂志的专题具体设置，负责必不可少稿件的圈定，负责杂志的稿件是否采用的决定，负责杂志名称的确定；9 个责任编辑中 2 位负责提供备用稿件清单，提供杂志的空白样刊，在样刊上写下暂定标题，说明广告位置；5 位负责文字编辑主要工作；1 位负责杂志的美术策划工作；1 位负责其他考量工作。

2. 收集、整理和研究阶段（1 ～ 2 周，课外时间）

分组分散进行，先拟定杂志题目，拟定杂志专题内容，提供杂志样刊，再分别分工查阅收集资料，后集中资料，最后大家讨论筛选文章，由组长审稿、定稿和誊稿。教师负责督促和指导工作。

流程：教师指导组长把任务分配给每个组员—暂定杂志名称—拟定杂志专题内容—查阅资料并收集美文—填写备用稿件清单—提供杂志样刊—制订杂志内容版式—责任编辑推荐好文—责任编辑按照刊物内容展示收集的美文和图片—责任

编辑口头介绍自己收集的相关资料和文字，并说明为什么选择这些资料和文字—所有编辑集体研究筛选出适合本杂志的美文和图片—主编审稿并定稿，填写用稿通知单—文字编辑负责文字输入和校对工作，美术编辑负责图片编辑和说明工作—在杂志的空白或醒目位置填写相关广告—第一次、第二次校稿工作—主编的审稿工作—印样刊

3. 班集体活动阶段（课外时间 + 课内 40 分钟）

班级举办展览，评选最佳杂志。

流程：介绍杂志内容—展示杂志—分享感受—传阅杂志—互评优缺点—拟定评选标准—评选最佳杂志—宣布初选结果—课外修改—重印制杂志—分组准备展示工作（邀请函发放、幻灯片的制作、评分标准打印、座谈会串词写作、会场布置、过程中故事的整理）—成果展示及介绍—裁判评选结果

活动评价

“我做小编辑”活动评价表

小组名称	主题（25 分）（内容新颖、贴近生活、名称来源）	图片有亮点（20 分）（封面 + 封底 + 扉页 + 某一页）	编辑心语（20 分）（苦与乐）	团队合作、团队探究（20 分）	特色（15 分）	总分

活动反思

此活动时间较长，跨度大，内容多，教师要不断跟进监督。

【拓展阅读】

启事与条据写作

一、启事

启事的适用范围很广，涉及社会生活的许多方面，因而形成了多种多样的种类。按发文名义可分为单位启事、个人启事和联合启事；按缓急程度可分为常规启事和紧急启事；按内容可分为一般启事和寻物、寻人、征婚、征文、征订、征集图案设计、招工、招生、招聘、更名、更正、迁址、开业、挂失、招领、认领等专项启事。

类型不同的启事，写法各有不同，但文体结构大体相同。一般由三部分组成：一是写明启事的名称，这主要由启事的内容决定，如内容是征文，则名称写明“征文启事”。名称字体应大于正文字体，居中排。二是具体内容，即要向大家说明的情况。三是启事者的落款和启事日期。目前常见的启事样式，为醒目常用黑体字标注联系地址、联系人及电话号码等。

格式如下：

寻物启事

兹有×××机动车驾照于××××年××月××日丢失。证件号：×××××××××　××××××××××。有知其下落者，速告本人，必有重谢。

联系人：××

电话：12345678900

××××年××月××日

启事是团体或个人向社会公开告知、说明事项的文书。经常登载于报刊，或在公共场所张贴，或在电视台、电台播放。启事的内容是需要让公众知道或者希望大家协助办理的事情，公开性和单一性是其显著特点。通常是一事一启，但由于当前启事的大量运用，也出现了一启两事或相关多事的用法。启事要求文字简明扼要，给人一目了然的感觉。读者、观众和听众是启事的对象，他们可以参与启事中所要求的事，也可不参与，因为启事不具备强制性和约束性。由于其篇幅短小精悍，运用方便灵活，随着社会经济的发展，使用频率越来越高，已成为日常生活不可或缺的常用文书。

二、条据

条据是人们在日常生活中经常看到和使用到的简便应用文体。常用的条据有借条、领条、收条、代收条、欠条、请假条、便条等。

（一）借条

借个人或公家的现金、财物时写给对方的条子称为借条。钱物归还后，打条人收回条子，立即作废或撕毁。借条是一种凭证性文书。

1. 格式

> **借　条**
>
> 今借到高三班的水桶壹个，桌子叁张，雕刀贰把，在××月××日如数归还。
>
> 此据
>
> 经借人：×××（盖章）
>
> ××××年××月××日

2. 正文内容

被借的对方姓名或单位全称；所借物件的数目、型号、类别等（注意数字用大写）；具体的归还时间，若不按期归还的还要有相应惩处措施等。

（二）领条

领取了个人或公家的现金、钱物时写给对方的条子称为领条。领条是一种凭证性的有一定约束力的文书。

1. 格式

> **领　条**
>
> 今领到学校 2007—2008 学年第一学期 9 月文明教室评比高一烹饪班一等奖的奖金叁佰元整（￥300.00）。
>
> 此据
>
> 领取人：×××（盖章）
>
> ××××年××月××日

2. 正文内容

（1）所领物件的事由或名目。

（2）所领物件的数目、型号、类别等。

（三）收条

别人归还财物时写给别人的证明已经收讫的凭证称为收条。

1. 格式

<table><tr><td>

收　条

今收到 ××× 交来的购买雕刻材料的费用捌佰元整（￥800.00）。

经手人：×××（盖章）
××××年××月××日

</td></tr></table>

2. 正文内容

（1）对方的名称要写清。

（2）收到的具体数目要写明。特别是经济数额要大写，再写阿拉伯数字。

（四）代收条

归还钱物时，如果本人不在场，由其他人代替收下并转交而写下的证明代收的条据称为代收条。由于代收条比收条又多了一层关系，增加一道手续，所以一定要注意内容的严密性。

1. 格式

<table><tr><td>

代收条

今代收到孙达人同志还给王群同志的人民币伍佰元整和致谢礼物《辞海》壹本。

代收人：×××（盖章）
××××年××月××日

</td></tr></table>

2. 正文内容

（1）还方（人或团体）和收方的名称。

（2）归还钱物的名称、种类及数量。

（3）数目字要使用汉字大写。

（五）欠条

向个人或组织借了钱物，只归还了一部分，还有一部分拖欠未还，对拖欠部分所打的条子称为欠条；当借了个人或团体的钱物，事后补写的凭条，也称欠条。

1. 格式

<table><tr><td>

欠　条

　　原借到张文俊同志人民币壹仟元整，已还伍佰元，尚欠伍佰元整，一个月还清。

　　此据

欠款人：×××（盖章）

××××年××月××日

</td></tr></table>

2. 正文内容

（1）欠款人以及被欠方的姓名或单位全称、事由。

（2）所欠的款项或物件的名称、具体数目等。

（3）补清的时间期限。

（六）请假条

因事或因病不能上班、上学，就要写请假条请假，一般要在事先送上请假条。请假条中一定要说明请假理由和请假时间。

1. 格式

<table><tr><td>

请假条

陈主任：

　　因为生病，我需要请假休息一周（××月××日—××月××日），特向您请假，请批准为谢。

请假人：×××

××××年××月××日

</td></tr></table>

2. 正文内容

（1）请假事由。

（2）请假时间期限。

【课外古诗词诵读】

春江花月夜[①]

张若虚

春江潮水连海平，海上明月共潮生。
滟滟[②]随波千万里，何处春江无月明。
江流宛转绕芳甸[③]，月照花林皆似霰[④]。
空里流霜[⑤]不觉飞，汀[⑥]上白沙看不见。
江天一色无纤尘[⑦]，皎皎空中孤月轮[⑧]。
江畔何人初见月？江月何年初照人？
人生代代无穷已，江月年年望相似。
不知江月待何人，但见长江送流水。
白云一片去悠悠，青枫浦[⑨]上不胜愁。
谁家今夜扁舟子[⑩]？何处相思明月楼[⑪]？
可怜楼上月徘徊[⑫]，应照离人[⑬]妆镜台[⑭]。
玉户[⑮]帘中卷不去，捣衣砧[⑯]上拂还来。
此时相望不相闻[⑰]，愿逐[⑱]月华[⑲]流照君。
鸿雁长飞光不度，鱼龙潜跃水成文[⑳]。
昨夜闲潭[㉑]梦落花，可怜春半不还家。
江水流春去欲尽，江潭落月复西斜。
斜月沉沉藏海雾，碣石潇湘[㉒]无限路。
不知乘月几人归，落月摇情[㉓]满江树。

【注释】

①《春江花月夜》为乐府吴声歌曲名，相传为南朝陈后主作，张若虚的这首为拟题作诗，与原先的曲调已不同，却是最有名的。
②滟滟：波光荡漾的样子。
③芳甸：芳草丰茂的原野。甸，郊外之地。
④霰：天空中降落的白色不透明的小冰粒。形容月光下春花晶莹洁白。
⑤流霜：飞霜，古人以为霜和雪一样，是从空中落下来的，所以叫流霜。在这里比喻月光皎洁，月色朦胧、流荡，所以不觉得有霜霰飞扬。
⑥汀：沙滩。
⑦纤尘：微细的灰尘。
⑧月轮：指月亮，因为月圆时如轮状，所以称为月轮。
⑨青枫浦：今湖南浏阳县境内。这里泛指游子所在的地方。《九歌·河伯》：“送美人兮

南浦。”因而此句隐含离别之意。

⑩扁舟子：飘荡江湖的游子。扁舟，小舟。

⑪明月楼：月夜下的闺楼。这里指闺中思妇。曹植《七哀诗》：“明月照高楼，流光正徘徊。上有愁思妇，悲叹有余哀。”

⑫月徘徊：指月光偏照闺楼，徘徊不去，令人不胜其相思之苦。

⑬离人：此处指思妇。

⑭妆镜台：梳妆台。

⑮玉户：形容楼阁华丽，以玉石镶嵌。

⑯捣衣砧：捣衣石、捶布石。

⑰相闻：互通音信。

⑱逐：追随。

⑲月华：月光。

⑳文：同“纹”。

㉑闲潭：幽静的水潭。

㉒潇湘：潇水与湘江。一南一北，暗指路途遥远，相聚无望。

㉓摇情：激荡情思，犹言牵情。

【译文】

春天的江潮水势浩荡，与大海连成一片，一轮明月从海上升起，好像与潮水一起涌出来。

月光照耀着春江，随着波浪闪耀千万里，所有地方的春江都有明亮的月光。

江水曲曲折折绕着花草丛生的原野流淌，月光照射着开遍鲜花的树林好像细密的雪珠在闪烁。

月色如霜，所以霜飞无从觉察。洲上的白沙和月色融合在一起，看不分明。

江水、天空成一色，没有一点微小灰尘，明亮的天空中只有一轮孤月高悬空中。

江边上什么人最初看见月亮？江上的月亮哪一年最初照耀着人？

人生一代代地无穷无尽，只有江上的月亮一年年地总是相像。

不知江上的月亮等待着什么人，只见长江不断地一直运输着流水。

游子像一片白云缓缓地离去，只剩下思妇站在离别的青枫浦不胜忧愁。

哪家的游子今晚坐着小船在漂流？什么地方有人在明月照耀的楼上相思？

可怜楼上不停移动的月光，应该照耀着离人的梳妆台。

月光照进思妇的门帘，卷不走，照在她的捣衣砧上，拂不掉。

这时互相望着月亮可是互相听不到声音，我希望随着月光流去照耀着您。

鸿雁不停地飞翔，而不能飞出无边的月光；月照江面，鱼龙在水中跳跃，激起阵阵波纹。

昨天夜里梦见花落闲潭，可惜的是春天过了一半自己还不能回家。
江水带着春光将要流尽，水潭上的月亮又要西落。
斜月慢慢下沉，藏在海雾里，碣石与潇湘的离人距离无限遥远。
不知有几人能趁着月光回家，唯有那西落的月亮摇荡着离情，洒满了江边的树林。

阅读导引

张若虚，扬州人，唐代诗人。曾任兖州兵曹。事迹略见于《旧唐书·贺知章传》。张若虚的诗仅存二首于《全唐诗》中。其中《春江花月夜》是一篇脍炙人口的名作，被誉为“一词压两宋，孤篇盖全唐”，具有很高的审美价值，千百年来令无数人为之倾倒，是中国古代诗歌史上的一个重要里程碑。同学们可以多读几遍，感受这首描写了春、江、花、月、夜的令人喜悦的情景，在令人喜悦中有时光易逝之感，有游子离人思妇之悲，诗情、画意、哲理为一体，意境空明，想象奇特，语言自然隽永，韵律婉转悠扬。

山居秋暝

王　维

空山新雨后，天气晚来秋。
明月松间照，清泉石上流。
竹喧归浣女，莲动下渔舟。
随意春芳歇，王孙自可留。

【译文】

空旷的群山沐浴了一场新雨，夜晚降临使人感到已是初秋。
皎皎明月从松隙间洒下清光，清清泉水在山石上淙淙淌流。
竹林喧响知是洗衣姑娘归来，莲叶轻摇想是上游荡下轻舟。
春日的芳菲不妨任随它消歇，秋天的山中王孙自可以久留。

阅读导引

王维，字摩诘，号摩诘居士，河东蒲州（今山西运城）人，唐代著名诗人、画家。唐肃宗乾元年间任尚书右丞，故世称“王右丞”。王维参禅悟理，学庄信道，精通诗、书、画、音乐等，尤长五言，多咏山水田园，与孟浩然合称“王孟”，有“诗佛”之称。书画特臻其妙，后人推其为南宗山水画之祖。苏轼评价他的诗和画：“味摩诘之诗，诗中有画；观摩诘之画，画中有诗。”

这首诗为山水名篇，于诗情画意之中寄托着诗人高洁的情怀和对理想境界的追求。诗歌点明了一个澄明洁净的空间，山中树木繁茂，自然繁盛。“明月松间照，清泉石上流”为名句，天色已暝，却有皓月当空；群芳已谢，却有青松如盖。山泉清冽，淙淙流泻于山石之上，犹如一条洁白无瑕的素练，在月光下闪闪发光，生动表现了幽清明净的自然美。这两句写景如画，随意洒脱。

“竹喧归浣女，莲动下渔舟。”竹林里传来了一阵阵歌声笑语，那是一些天真无邪的姑娘洗罢衣服笑逐归来；亭亭玉立的荷叶纷纷向两旁披分，掀翻了无数珍珠般晶莹的水珠，那是顺流而下的渔舟划破了荷塘月色的宁静。在这青松明月之下，在这翠竹青莲之中，生活着这样无忧无虑、勤劳善良的人们。这纯洁美好的生活图景，反映了诗人过安静纯朴生活的理想，同时也从反面衬托出他对污浊官场的厌恶。这两句写得很有技巧，而用笔不露痕迹，使人不觉其巧。诗的中间两联同是写景，而各有侧重。颔联侧重写物，以物芳而明志洁；颈联侧重写人，以人和而望政通。同时，两者又互为补充，泉水、青松、翠竹、青莲，可以说都是诗人高尚情操的写照，都是诗人理想境界的环境烘托。既然诗人是那样地高洁，而他在那貌似“空山”之中又找到了一个称心的世外桃源，所以就情不自禁地说：“随意春芳歇，王孙自可留。”《招隐士》说：“王孙兮归来，山中兮不可以久留。”诗人的体会恰好相反，他觉得“山中”比“朝中”好，洁净纯朴，可以远离官场而洁身自好，所以就决然归隐了。

第四单元

佳言品味

单元导读

美食是舌尖上的享受，也是舌尖上的风流，更是舌尖上的乡愁。

品尝、欣赏美食，写美食文章，论说美食，通过美食可以忆起儿时的情怀，可以饱览各地风俗民情，可以知晓各民族的饮食文化……这个单元主要是引导学生进行口语描述，增强口语表达能力，大胆地用通俗口语说出自己对饮食的所思所想所感所悟。知道怎样评菜，知道哪些是专业忌语，哪些是专业术语，怎样介绍自己的菜谱，怎样从营养角度去推介菜谱。

任务一

【文本阅读】

刘姥姥[①]二进大观园

曹雪芹

话说刘姥姥两只手比着说道："花儿落了结个大倭瓜[②]。"众人听了哄堂大笑起来。于是吃过门杯，因又逗趣笑道："实告诉说罢，我的手脚子粗笨，又喝了酒，仔细失手打了这瓷杯。有木头的杯取个子来，我便失了手，掉了地下也无碍。"众人听了，又笑起来。

凤姐儿[③]听如此说，便忙笑道："果真要木头的，我就取了来。可有一句先说下：这木头的可比不得瓷的，他都是一套，定要吃遍一套方使得。"刘姥姥听了心下敁敪[④]

道："我方才不过是趣话取笑儿，谁知他果真竟有。我时常在村庄乡绅大家也赴过席，金杯银杯倒都也见过，从来没见有木头杯之说。哦，是了，想必是小孩子们使的木碗儿，不过诓我多喝两碗。别管他，横竖这酒蜜水儿似的，多喝点子也无妨。"想毕，便说："取来再商量。"凤姐乃命丰儿[5]："到前面里间屋，书架子上有十个竹根套杯取来。"

丰儿听了，答应才然[6]要去，鸳鸯[7]笑道："我知道你这十个杯还小。况且你才说是木头的，这会子又拿了竹根子的来，倒不好看。不如把我们那里的黄杨根整抠的十个大套杯拿来，灌他十下子。"凤姐儿笑道："更好了。"鸳鸯果命人取来。刘姥姥一看，又惊又喜：惊的是一连十个，挨次大小分下来，那大的足似个小盆子，第十个极小的还有手里的杯子两个大；喜的是雕镂奇绝，一色山水树木人物，并有草字以及图印。因忙说道："拿了那小的来就是了，怎么这样多？"凤姐儿笑道："这个杯没有喝一个的理。我们家因没有这大量的，所以没人敢使他。姥姥既要，好容易寻了出来，必定要挨次吃一遍才使得。"刘姥姥唬的忙道："这个不敢。好姑奶奶，饶了我罢。"贾母、薛姨妈、王夫人知道他上了年纪的人，禁不起，忙笑道："说是说，笑是笑，不可多吃了，只吃这头一杯罢。"刘姥姥道："阿弥陀佛！我还是小杯吃罢。把这大杯收着，我带了家去慢慢的吃罢。"说的众人又笑起来。鸳鸯无法，只得命人满斟了一大杯，刘姥姥两手捧着喝。

贾母薛姨妈都道："慢些，不要呛了。"薛姨妈又命凤姐儿布了菜。凤姐笑道："姥姥要吃什么，说出名儿来，我搛[8]了喂你。"刘姥姥道："我知什么名儿，样样都是好的。"贾母笑道："你把茄鲞[9]搛些喂他。"凤姐儿听说，依言搛些茄鲞送入刘姥姥口中，因笑道："你们天天吃茄子，也尝尝我们的茄子弄的可口不可口。"刘姥姥笑道："别哄我了，茄子跑出这个味儿来了，我们也不用种粮食，只种茄子了。"众人笑道："真是茄子，我们再不哄你。"刘姥姥诧异道："真是茄子？我白吃了半日。姑奶奶再喂我些，这一口细嚼嚼。"凤姐儿果又搛了些放入口内。

刘姥姥细嚼了半日，笑道："虽有一点茄子香，只是还不像是茄子。告诉我是个什么法子弄的，我也弄着吃去。"凤姐儿笑道："这也不难。你把才下来的茄子把皮刬[10]了，只要净肉，切成碎钉子，用鸡油炸了，再用鸡脯子肉并香菌、新笋、蘑菇，五香腐干、各色干果子，俱切成钉子，用鸡汤煨了，将香油一收，外加糟油[11]一拌，盛在瓷罐子里封严，要吃时拿出来，用炒的鸡瓜[12]一拌就是。"刘姥姥听了，摇头吐舌说道："我的佛祖！倒得十来只鸡来配他，怪道这个味儿！"一面说笑，一面慢慢的吃完了酒，还只管细玩那杯。

凤姐笑道："还是不足兴，再吃一杯罢。"刘姥姥忙道："了不得，那就醉死了。我因为爱这样范[13]，亏他怎么作了。"鸳鸯笑道："酒吃完了，到底这杯子是什么木的？"刘姥姥笑道："怨不得姑娘不认得，你们在这金门绣户的，如何认得木头！我们成日家和树林子作街坊，困了枕着他睡，乏了靠着他坐，荒年间饿了还吃他，眼睛里天天见他，耳朵里天天听他，口儿里天天讲他，所以好歹真假，我是认得的。让我认一认。"一面说，一面细细端详了半日，道："你们这样人家断没有那贱东西，那容易得的木头，你们也不收着了。我掂着这杯体重，断乎不是杨木，这一定是黄松的。”众人听了，哄堂大笑起来。

（节选自《红楼梦》，人民文学出版社，2008年）

【注释】

①刘姥姥：《红楼梦》中的一个重要角色。她是一位农家老妇，早年丧偶，膝下无子，依傍女婿过活，因见女婿生活艰难，想起曾与金陵王家联过宗，还曾见过王夫人，就拼着一张老脸携带外孙板儿去贾府求助。她几进贾府，作者通过她的观察，把贾府由盛而衰的经过透露在字里行间。课文节选的是她二进贾府，她老于世故，知理识趣，知道酒席上大家都在讨贾母欢心，因而甘心扮演着被戏弄的角色。她见证了贾府的繁华排场，也看到贾府最后的落败，同时也反衬了贫富悬殊。

②倭瓜：即南瓜。

③凤姐儿：即王熙凤，出身金陵四大家族之一的王府。王夫人之内侄女，贾琏之妻。贾政和王夫人将总管家务之事交与贾琏夫妇，因贾琏无能，所以全部由王熙凤说了算。王熙凤是实际当权者，她精明能干，将家里的事管理得井井有条，同时又是一个贪婪钱财、争强好胜、权欲极强的人。她当家时的所作所为，只以取悦贾母为能事。

④战敠：同“掂掇”，用手估量物体轻重。引申为揣度，估量。

⑤丰儿：王熙凤的小丫环，常随侍左右。

⑥才然：即刚刚。

⑦鸳鸯：贾母房中丫环，家生奴，很受信任。但很有骨气，以死抗击贾赦娶她作小，不告密司棋的私情。她清醒明白自己是因为贾母在，有依仗；贾母死后，她选择自杀，虽然没有摆脱奴隶枷锁，但保持了奴隶的清白和尊严。

⑧搛：（用筷子）夹。

⑨茄鲞：一种以茄子为主料经深加工而成的冷菜。鲞，干鱼，也泛指成片或成丁的腌腊食品。

⑩劖：削。

⑪糟油：用酒糟调制的油，用来浇拌凉菜。

⑫鸡瓜：鸡的腱子肉或胸脯肉。因其长圆如瓜形，故称。一说即鸡丁。

⑬样范：模型，榜样。这里是模样的意思。

阅读导引

曹雪芹，名霑，字梦阮，号雪芹，又号芹溪、芹圃，江宁（今江苏南京）人，清代文学家、小说家。代表作有《红楼梦》。

《红楼梦》是中国古典四大名著之一。小说以贾、薛、王、史四大家族的兴衰为背景，以富贵公子贾宝玉为视角，以贾宝玉与林黛玉、薛宝钗的爱情婚姻悲剧为主线，描绘了一批举止见识出于须眉之上的闺阁佳人的人生百态，展现了真正的人性美和悲剧美，是一部从各个角度展现女性美以及中国古代社会世态百相的史诗性著作。

《红楼梦》中有大量的宴饮聚餐描写，为读者展现了精美、典雅、和谐的中华美食，也在文本叙事、人物塑造过程中起着重要的作用，且影响深远。

本文选取《红楼梦》第四十一回“栊翠庵茶品梅花雪　怡红院劫遇母蝗虫”，描写了刘姥姥二进大观园的经历，以及大观园中各色人等的形态。贵族的精致生活，小姐们的嫌憎好恶都体现出来。

文学与生活

刘姥姥二进大观园，碰上老太太高兴，摆酒招待。贾府的早饭当然不是馄饨面条，要正正经经一堆人侍候。李纨一大早就要指挥人抬桌子搬椅子。刘姥姥认不得鸽子蛋，众人大笑一场。宝玉建议的自助餐其实是午饭。文中写的最详细的茄鲞，也是各家红楼宴上断不可少之物，就在这场席面上出现。按凤姐详细解释的制法，这根本不是一道热炒，而是送粥送饭的小菜，不过制作极精细，花的工本极大而已。茄子用鸡油炸过，混上香菇、新笋、豆腐干、鸡脯、鸡汁熬干，加香油糟油封存。

《红楼梦》中描写的食谱食方还有很多，很多方法即使今天烹饪美食时还在借鉴和使用。

问题指南

思考

节选部分虽短却富有情趣，请思考一下，作者在文中描写的刘姥姥是个什么样的人？

文中出现了哪些人物，这些人表现怎么样？请描述一下。

王熙凤介绍这道茄鲞的做法，如果你是刘姥姥，你听懂了没？你会做吗？对你有什么启示？

评价

你如何评价这段饮食片段的描写，它能给你怎样的思考？茄鲞是《红楼梦》中写得最为翔实的一道菜，刘姥姥吃过之后说：“别哄我了，茄子跑出这样的味儿来了。”用今天的眼光来看这道菜的意义是什么？请分析其营养价值。

扩展

这一回写到贾母及刘姥姥等人吃过午饭没多久又用点心，其中两样是松穰鹅油卷和藕粉桂糖糕，另外还有一寸来大的螃蟹馅的小饺儿和奶油炸的各色小面果。请阅读《红楼梦》找出来分享一下。

文学寻味

《红楼梦》的伟大体现在它揭示了社会变革，作者通过对盛极而衰的几大家族的描写，展示了宏大的历史画卷。同学们可以在课外认真阅读这本书，看一下作者对餐饮场面的描写与把握。

《红楼梦》其实展示的是人生画卷，其中描写的饮食和就餐，如果前后做一个对比，会感到各有因果、各有前程。从锦衣玉食到豪席散场，荣华富贵轰然倒塌，纵有寥落歌舞，也尽是强颜欢笑。痴缠的抱恨终尽，烈火烹鲜终成南柯梦。

【语文实践活动】

// 我来评评菜 //

活动设计

烹饪专业的同学看见一道美食，如何鉴别美食的好坏，或者如何向顾客推荐这款美食，就需要具有一定的评菜知识和品赏菜品的能力。生活中的评菜现象很多，餐馆老板借评菜来衡量厨师的技艺水平；消费者评菜，看看是否菜有所值；烹饪比赛的评委们更要评菜，分出得分高低和比赛成绩。

评价菜品的依据很多，评价结果准确与否，关键在于是否把握住了菜品的质量评审标准，是否正确运用了科学的评价方法。

本次活动旨在培养学生说菜评菜的能力，锻炼口头表达能力和沟通能力。

活动目标

1. 掌握如何评价菜品质量的角度（食用安全、营养合理、感官良好）。

2. 评定菜品的口味，既要强调共性，又要兼顾个性。

3. 通过学习评菜，促进学习菜肴的制作。在制作菜肴的过程中，慢慢养成量材施用、绝不浪费的好习惯。

4. 尊重原材料，尊重食材，遵循原料的本性，才能达到顺应自然、和谐共生的理想效果。

活动准备

1. 分组。分成 4 组，每组 10 人，两人为一小队，两人分工分角度写菜评文章，两人分别口头表达对菜品的评论。

2. 各小队商量确定主题菜品任务。

3. 学习相关的菜评知识点。

如何评价菜品：可以从食用安全、营养合理、感官良好这三个角度去评菜。

1. 食用安全是菜品作为食品的基本前提。看菜品的原材料是否无毒无害、清洁卫生，力求烹调加工方法得当，避免加工环境污染食品，使菜品对人体无毒无害。

2. 营养合理是菜品作为食品的必要条件。对于单份菜品，要避免原材料所含营养素在烹调加工中的损失，适当注意原材料的荤素搭配。对于整套菜品，不仅要注意供给数量充足的热量和营养素，而且要注意各种营养素在种类、数量、比例等方面的合理配置，使原料中各种营养素得到充分利用。

3. 感官良好是人们对菜品质量更高层次的要求。要使菜品能很好地激起食客的食欲，给人以美的享受，必须做到色泽和谐、香气宜人、滋味纯正、形态美观、质地适口、盛器得当，并且各种感官特性应配合协调。

（1）色泽和谐。菜品的色泽包括菜品的颜色和光泽，主要来自两个方面：一是原材料的天然色泽；二是经过烹制调理所产生的色泽。所谓色泽和谐，是指菜品的色泽调配合理、美观悦目。如烤乳猪、芙蓉鸡片等，既可诱人食欲，又能给人以精神上的享受。具体地讲，菜品的色泽要因时、因地、因料、因器而异，“或净若秋云，或艳如琥珀”。给人以明快舒畅之感，要能愉悦心理，活跃宴饮气氛。

（2）香气宜人。菜品的香气是通过嗅觉神经感知的，其成分极其复杂，每道菜品的香味物质达几十种，甚至几百种之多，所以评定菜品的香气通常用酱香、脂香、乳香、菜香、菌香、酒香、蒜香、醋香等进行粗略描述。所谓香气宜人，即要求菜品的香气纯正、持久，能诱发食欲，给人以快感。为了满足这一感官要求，烹调时常用挥发、吸附、渗透、溶解等方法来增加菜品的香气。无论使用哪类方法增香，都需量材施用，因料而异，只有遵循原料的本性，才能达到顺应自然、和谐共生的理想效果。

（3）滋味纯正。菜品的滋味即口味，是指呈味物质刺激味觉器官所引起的感觉，可分为单一味和复合味。所谓滋味纯正，即主配料的呈味物质与调味料的呈味物质配合协调，调理得当，能够迎合绝大多数人的口味要求。特别是一些名菜名点，其口味特征已基本固定，评定菜点质量应以此为标准。当然，人们的口味要求并非千篇一律，所谓“物无定味，适口者珍”，说的就是口味的个性爱好。但在同一时期、同一地域内，人们的口味需求大致相同，这便是“口之于味，有同嗜焉”。

评定菜品的口味，既要强调共性，又要兼顾个性。

活动步骤

1. 分组评菜阶段，根据学习的知识点进行评菜。
2. 组内分享评菜及心得，选出最佳评菜小组合。
3. 优秀评菜小组在全班进行口头分享。

活动评价

“我来评评菜”活动评价表

小组名称	内容(40分) (食用安全、营养合理、感官良好)	口语表达(50分) (语言干净简洁、态势语恰当、表达流畅)	团队合作(10分)	总分

活动反思

这个活动可以选择大师级的菜品来品评，也可在实操课后对同学们做的菜品进行评价。如果条件允许，可以同专业课教师一起上课，专业教师在品评检查学生实操的菜品时，边品边评，并对菜品的烧制方法是否得当，菜品的特点及做法进行评点，这样更直观、效果更好，学生能更清晰地知晓并学会运用这些评菜知识点。

【拓展阅读】

百转千回辣子鸡

田小果

辣子鸡做法太多了，谁也无法说吃全了。

譬如，四川人是用大红中号干辣椒和红袍大粒干花椒来制，急火爆炒，最后再撒上一些金黄酥脆的熟芝麻。重庆人则偏爱用生的红绿小尖椒和青花椒来制。这两个地方做辣子鸡，虽然用的辣椒不同，但有一个共同的特征，那就是一大盆子里，五分之四都是辣椒，鸡块甚少。在满盘晶莹红亮或翠绿的辣椒中，轻挑慢选、寻找鸡丁的过程，倒也有一种别样的情趣。

在贵州，辣子鸡是截然不同[①]的制法。这个无辣不欢的省份，在这里，能让人惊艳的口味，一定是与辣椒有关。辣子鸡在贵州，是搬得上台面的大菜，即便在同一个省份，东南西北各个区域的制法又各有不同。

青岩的鸡辣角是一种，鸡肉用油酥[②]的时间较长，肉质偏干，重点在于辣椒，而非鸡，辣椒吸取了鸡的全部精华，香到极致。息烽的阳朗鸡是另一种，盛名在外，已成产业，但近些年，大批量生产，宰杀粗犷[③]，鸡块很大，细辨之下，并不惊艳。还有旧州辣子鸡等等，都各有特色。

要把这道菜做到极致，灵魂在于食材和辣椒。

贵州是辣椒第一大省，辣椒产量第一，品质卓越。贵州的土鸡也算是轻易能寻到的，畜禽在自然生态环境中按照自身原有的生长发育规律自然生长，所以才说，贵州人做辣子鸡，占尽了天时地利人和。

赶集天，农户拿了自家喂养的鸡到市场上去卖，每日都处于觅食、争斗、奔跑状态的土鸡，腿肌十分发达。因在外觅食，食物充足的时候，会以脂肪的形式把能量贮藏于体内，因此，鸡体内有大量金黄色脂肪。这样的鸡，生长缓慢，得花费近六个月的时间，才慢慢长肌肉，但肌肉纤维也因此比较细，肉质无比鲜嫩。这样的土鸡，总是能卖到一个好价钱。食客舒心，农户也开心。

宰杀后，也可以看出，骨头比较硬，很少有幼骨。花上半天时间来剔除大块的鸡骨头，细致而温柔。

贵州特色的辣子鸡，一定是用糍粑辣椒。许多外地人连糍粑为何物都还不太搞得清楚，对于糍粑辣椒就更没有认识了。

糍粑，是一种小吃，就是四川人说的三响炮，北方人说的驴打滚，将煮熟的糯米放进擂钵[④]里玩命地舂[⑤]制而成。糍粑辣椒，顾名思义[⑥]，也是像做糍粑这样制作——选辣而不猛、香味浓郁的辣椒去蒂，淘洗干净，清水浸泡后，与仔姜、蒜瓣一道，投入擂钵。

千锤百炼，直至把辣椒舂至形似糍粑一样的软糯才行。

完成这费劲的工序后，才下油，小火熬制。出来的辣椒，极为可口，用这种辣椒炒出的鸡，是独一无二的味道。

到了正式下锅时，烹饪用料却完全异于前期准备的繁复，是极简又极简的。姜块、蒜瓣、糍粑辣椒、花椒，便再无其他。毕竟，对待地道风物，用料太杂，便是对这食材的不尊重了。

这样制出来的辣子鸡，我总是能毫无节制地干掉一海碗。边吃边想，这世上好看的人太多了，有的人再好看，你看过就忘了，没有内容，不够灵动。就如有的味道，吃过就忘了，有太多的添加和人工痕迹，不够诚恳。而有的人，有的食物，却能一直在脑子里百转千回，也能在人生的每一个重要时刻，缺一不可。

尽管辣子鸡菜最开始产生于乡村路边饭店，服务对象以长途汽车司机居多，因此才烹调手法颇为原始，极重麻辣味，目的是为了刺激神经，提神醒脑。

但走进千家万户后，慢慢演变成有情怀的人烧给有情怀的人吃，一般人吃不明白。烧的人要细心，吃的人得耐心，浮躁的人做不了，浮躁的人也吃不干净。只有把一盆鸡在辣椒堆里重复挑拣上几遍，直到最后一点鸡皮都不剩，手发酸、眼珠子砸桌上几次、头发根湿透、嘴唇没有感觉，这才是对一份好辣子鸡的终极赞赏。

（选自《辣味遵义》）

【注释】

①截然不同：意思是事物之间，界限分明，全然不一样。

②油酥：类似于油炸，油温较低，时间长，成品口感酥脆。
③粗犷：一是粗鲁强横，一是粗率豪放。可以说人的性格特征，也可以说一个地方的环境风俗面貌，有种大气磅礴的意思，如自然生长般未经修饰，属豪放派的。
④擂钵：研物用的乳钵。擂，研磨，擂成细末。
⑤舂：把东西放在石臼或钵里捣去皮壳或捣碎。
⑥顾名思义：意思是从名称想到所包含的意义。

阅读导引

遵义是一片美丽而神奇的土地，既传承着沧桑厚重、弦歌不绝的历史文脉，又演绎出绿水青山、金山银山的华丽转变；既孕育着古朴浓郁、多姿多彩的民族文化，又书写着意韵醇香、禅悟人生的茶酒诗篇。走在新的长征路上，代代相传的红色基因，依然激励着我们劈波斩浪、扬帆远航。伴随我们走过风雨如晦的昨天，走过攻坚克难的今天，走向意气风发的明天，除了薪火传承的红色基因，还有一枚小小的辣椒。它用火辣的天资铸就了我们的性情，点燃了我们的激情，激发了我们的豪情。

辣椒也称海椒。叫“辣椒”的，记住了它的味道；叫“海椒”的，记住了它的来处。由此，人们赋予了辣椒一份生命的思考——我是谁？从哪里来？到哪里去？

遵义是我国种植和食用辣椒最早的地区之一。辣椒在中国有多少年的种植历史，敢为人先的遵义人就有多少年的种植历史和食用历史。而今，辣椒早已成为遵义这片土地和人民的一份情怀与责任，一项产业与事业。遵义人发扬工匠精神，把小辣椒种出了大精彩。全国著名红色文化传承基地，让小小的辣椒发出了最强音。来到遵义，可追忆金戈铁马的海龙风云，也可品味酣畅淋漓的香辣人生。

作者在文中讲述了川黔味辣子鸡的做法，字里行间流露出对辣椒的爱，也体现了一种民族自信和骄傲。

任务二

【文本阅读】

五 味

汪曾祺

山西人真能吃醋！几个山西人在北京下饭馆，坐定之后，还没有点菜，先把醋瓶子拿过来，每人喝了三调羹①醋。邻座的客人直瞪眼。有一年我到太原去，快过春节了。别处过春节，都供应一点好酒，太原的油盐店却都贴出一个条子：“供应老陈醋，每户一斤。”这在山西人是大事。

山西人还爱吃酸菜，雁北尤胜。什么都拿来酸，除了萝卜白菜，还包括杨树叶儿，榆树钱儿。有人来给姑娘说亲，当妈的先问，那家有几口酸菜缸。酸菜缸多，说明家底子厚。

辽宁人爱吃酸菜白肉火锅。

北京人吃羊肉酸菜汤下杂面。

福建人、广西人爱吃酸笋。我和贾平凹[②]在南宁，不爱吃招待所的饭，到外面瞎吃。平凹一进门，就叫：“老友面！”“老友面”者，酸笋肉丝氽[③]汤下面也，不知道为什么叫做“老友”。

傣族人也爱吃酸。酸笋炖鸡是名菜。

延庆山里夏天爱吃酸饭。把好好的饭焐[④]酸了，用井拔凉水一和[⑤]，呼呼地就下去了三碗。

都说苏州菜甜，其实苏州菜只是淡，真正甜的是无锡。无锡炒鳝糊放那么多糖！包子的肉馅里也放很多糖，没法吃！

四川夹沙肉用大片肥猪肉夹了洗沙[⑥]蒸，广西芋头扣肉用大片肥猪肉夹芋泥蒸，都极甜，很好吃，但我最多只能吃两片。

广东人爱吃甜食。昆明金碧路有一家广东人开的甜品店，卖芝麻糊、绿豆沙，广东同学趋之若鹜[⑦]。“番薯糖水”即用白薯切块熬的汤，这有什么好喝的呢？广东同学说：“好嘢！”

北方人不是不爱吃甜，只是过去糖难得。我家曾有老保姆，正定乡下人，六十多岁了。她还有个婆婆，八十几了。她有一次要回乡探亲，临行称了二斤白糖，说她的婆婆就爱喝个白糖水。

北京人很保守，过去不知苦瓜为何物，近年有人学会吃了。菜农也有种的了。农贸市场上有很好的苦瓜卖，属于“细菜”，价颇昂。

北京人过去不吃蕹菜[⑧]，不吃木耳菜[⑨]，近年也有人爱吃了。

北京人在口味上开放了！

北京人过去就知道吃大白菜。由此可见，大白菜主义是可以被打倒的。

北方人初春吃苣荬菜[⑩]。苣荬菜分甜苣、苦苣，苦苣相当的苦。

有一个贵州的年轻女演员上我们剧团学戏，她的妈妈远迢迢给她寄来一包东西，是“者耳根”，或名“则尔根”，即鱼腥草。她让我尝了几根。这是什么东西？苦，倒不要紧，它有一股强烈的生鱼腥味，实在招架不了！

剧团有一干部，是写字幕的，有时也管杂务。此人是个吃辣的专家。他每天中午饭不吃菜，吃辣椒下饭。全国各地的，少数民族的，各种辣椒，他都千方百计[⑪]地弄来吃。剧团到上海演出，他帮助搞伙食，这下好，不会缺辣椒吃。原以为上海辣椒不好买，他下车第二天就找到一家专卖各种辣椒的铺子，上海人有一些是能吃辣的。

我们吃辣是在昆明练出来的，曾跟几个贵州同学在一起用青辣椒在火上烧烧，蘸盐水下酒。平生所吃辣椒之多矣，什么朝天椒、野山椒，都不在话下。我吃过最辣的辣椒是在越南。一九四七年，由越南转道往上海，在海防街头吃牛肉粉。牛肉极嫩，汤极鲜，辣椒极辣，一碗汤粉，放三四丝辣椒就辣得不行。这种辣椒的颜色是桔黄色的。在川北，听说有一种辣椒本身不能吃，用一根线吊在灶上，汤做得了，把辣椒在汤里涮涮，就辣得不得了。云南佧佤族[12]有一种辣椒，叫“涮涮辣”，与川北吊在灶上的辣椒大概不分上下。

四川不能说是最能吃辣的省份，川菜的特点是辣而且麻，——搁很多花椒。四川的小面馆的墙壁上黑漆大书三个字：麻辣烫。麻婆豆腐、干煸牛肉丝、棒棒鸡；不放花椒不行。花椒得是川椒，捣碎，菜做好了，最后再放。

周作人[13]说他的家乡整年吃咸极了的咸菜和咸极了的咸鱼。浙东人确实吃得很咸。有个同学，是台州人，到铺子里吃包子，掰开包子就往里倒酱油。口味的咸淡和地域是有关系的，北京人说南甜北咸东辣西酸，大体不错。河北、东北人口重，福建菜多很淡。但这与个人的性格习惯也有关。湖北菜并不咸，但闻一多先生却嫌云南蒙自的菜太淡。

中国人过去对吃盐很讲究，是桃花盐、水晶盐，“吴盐胜雪”[14]，现在全国都吃再制精盐。只有四川人腌咸菜还坚持用自贡产的井盐。

我不知道世界上还有什么国家的人爱吃臭。

过去上海、南京、汉口都卖油炸臭豆腐干。长沙火宫殿[15]的臭豆腐因为一个大人物年轻时常吃而出了名，这位大人物后来还去吃过，说了一句话：“火宫殿的臭豆腐还是好吃。”“文化大革命”中火宫殿的影壁上就出现了两行大字：

最高指示：火宫殿的臭豆腐还是好吃。

我们一个同志到南京出差，他的爱人是南京人，嘱咐他带一点臭豆腐干回来。他千方百计居然办到了。带到火车上，引起一车厢的人强烈抗议。

除豆腐干外，面筋、百叶（千张）皆可臭。蔬菜里的莴苣、冬瓜、豇豆皆可臭。冬笋的老根咬不动，切下来随手就扔到臭坛子里。——我们那里很多人家都有个臭坛子，一坛子“臭卤”，腌芥菜挤下的汁放几天即成“臭卤”。臭物中最特殊的是臭苋菜秆，苋菜长老了，主茎可粗如拇指，高三四尺，截成二寸许小段，入臭坛。臭熟后，外皮是硬的，里面的芯成果冻状。噙住一头，一吸，芯肉即入口中。这是佐粥的无上妙品。我们那里叫做“苋菜秸子”，湖南人谓之“苋菜咕”，因为吸起来“咕”的一声。

北京人说的臭豆腐指臭豆腐乳。过去是小贩沿街叫卖的：

“臭豆腐，酱豆腐，王致和的臭豆腐。”臭豆腐就贴饼子，熬一锅虾米皮白菜汤，好饭！现在王致和的臭豆腐用很大的玻璃方瓶装，很不方便，一瓶一百块，得很长时间才能吃完，而且卖得很贵，成了奢侈品。我很希望这种包装能改进，一器装五块足矣。

我在美国吃过最臭的“气死”⑯（干酪），洋人多闻之掩鼻，对我说起来实在没有什么，比臭豆腐差远了。

甚矣，中国人口味之杂也，敢说堪为世界之冠。

【注释】

①调羹：喝汤用的勺子。

②贾平凹：原名贾平娃，陕西丹凤人，当代作家。有小说《商州》《浮躁》《废都》《白夜》等，其小说多反映西北农村，富于地域风土特色，格调清新隽永，鲜明自然。

③汆：一种烹饪方法，把食物放到沸水中煮一下。

④焐：用热的东西接触凉的或湿的东西使其暖和、变干。

⑤和：掺和。

⑥洗沙：一种馅料，通常指红豆沙。红豆、绿豆、蚕豆等经煮烂漂洗去皮的工艺称为洗沙。洗得的豆沙加入糖、油熬煮翻炒，去除部分水分，即是成品豆沙，俗称豆沙馅，不易霉、馊，是上好的甜点原料。

⑦趋之若鹜：指像鸭子一样成群跑过去，比喻许多人争着去追逐。

⑧蕹菜：草本植物，茎蔓生，中空，叶卵圆形或心脏形，叶柄长，花粉红色或白色。嫩茎叶可做蔬菜。

⑨木耳菜：草本植物，幼苗、嫩梢或嫩叶供食，质地柔嫩软滑，营养价值高。可作汤菜、爆炒、烫食、凉拌等，其味清香，咀嚼时如吃木耳一般清脆爽口，故名木耳菜。

⑩苣荬菜：多年生草本植物，北方常食野菜，摘取嫩叶入菜。

⑪千方百计：想尽各种办法，用尽各种计谋。

⑫佧佤族：旧时傣族、拉祜族和汉族对佤族的一种通称，又分大佧佤（指西盟佤族）和小佧佤（指双江、耿马、沧源、孟连、澜沧等地佤族）。“佧”为傣语，含有奴隶之意，故有侮辱性质。解放后，根据大多数佤族人的意愿，并经国务院批准，于1962年改称佤族。

⑬周作人：鲁迅（周树人）之弟，周建人之兄。浙江绍兴人。中国现代著名散文家、文学理论家、评论家、诗人、翻译家、思想家，中国民俗学开拓人，新文化运动的杰出代表。

⑭吴盐胜雪：古时江淮一带所晒制的散末盐。此盐味淡而雪白，是盐中上品。后人常用吴盐胜雪来形容女子皮肤白皙无瑕。

⑮火宫殿：火神庙里供奉的火官重黎，也称火神殿，在长沙是集传统民俗文化、火庙文化、饮食文化于一体的具有代表性的大众场所，位于长沙天心区坡子街。

⑯气死：英文“cheese”的音译。

阅读导引

汪曾祺，江苏高邮人，中国当代作家、散文家、戏剧家、京派作家的代表人物，被誉为“抒情的人道主义者”“中国最后一个纯粹的文人”“中国最后一个士大夫”。汪曾祺在短篇小说创作上颇有成就，对戏剧与民间文艺也有深入的研究。代表作有《受戒》《晚饭花集》《逝水》《晚翠文谈》《端午的鸭蛋》。

文学与生活

《五味》这篇散文，将生活中的琐细之事记录成文，写得有滋有味，妙趣横生。这主要得益于作者对生活的热爱和关注，对生活的体验和认识，写出了大家心里想到却没有说出来的认识、道理和体会。

文章就是生活的提炼，特别是经营吃的同学们，对吃遍天下美味应当有信心，也应当有心得。这篇散文描写了山西人爱吃醋，四川、湖南、湖北人爱吃辣，广东人爱吃甜，还有中国人爱吃臭，这些其实在我们身边都出现过。对生活的热爱，应该包括方方面面，“吃”自然也是一个重要的方面，民以食为天嘛！

问题指南

思考

前面已说过，中国菜是讲究味的菜，想一想，“五味”体现在地域上还有哪些说法？

在结尾处作者说“中国人口味之杂也，敢说堪为世界之冠”，你能谈谈自己的感受吗？

评价

中国是烹饪王国，东南西北食饮各异。身为中国人，我们应当以此为荣，但也应当清醒地认识到我们烹饪的不足之处。通过网络信息收集积累，找一找自己烹饪饮食及文化的不足，并对此进行评价。

扩展

将生活中身边事记录下来，经过逻辑的加工和文笔的洗练，就成了一篇好的文章。同学们可以行动起来，将你学习烹饪技能或理论的过程、遇到的困难、想到的办法、解决的成果记录、整理下来，大家分享交流，期待你成为未来的大师、未来的大家。

文学寻味

味之道，中国人将烹饪融入生活的方方面面，甚至是性格之中。联系自己的人生经历，寻一下自身之“味”。

【语文实践活动】

// 我说专业语 //

活动设计

中国作为一个地大物博的国家，有着优秀的烹饪历史，形成八大菜系和各种小分支，烹饪方式也千奇百怪，有炙锅、码味、码芡、散籽等方式，这些都是烹饪术语。作为烹饪专业学生，掌握烹饪术语和忌语是首要任务。这次活动主旨是让我们学习一下烹饪专业术语，走进美食的世界。

活动目标

1. 了解并熟悉大量的烹饪专业术语和忌语。
2. 在活动中促使学生职业自信心的建立。

活动准备

1. 分组。以小组为单位收集资料。共分为四大组，每组 8 ~ 10 人，组内两人为一小队。
2. 准备题库。可以用 App 做好，设置答题时间和分数等。

活动步骤

1. 收集整理资料阶段。
2. 组内分享整理和答题阶段。小组通过答题选出优秀的两人参加班级的展示，一人负责说专业术语和忌语，一人负责对术语进行讲解。
3. 口语表达展示阶段。每组选出的优秀选手上台分享自己组整理的专业术语和忌语。评选出最佳表达小能手一、二、三等奖。

活动评价

"我说专业语"活动评价表

小组名称	PPT 制作(20 分)(图文并茂)	口语表达(40 分)(语言干净简洁、态势语恰当、表达流畅)	资料收集(20 分)	App 答题(20 分)	总分

活动反思

可以利用信息化手段作为语文活动的评价方式，既方便简单，容易上手，又增加了学生参与活动的积极性。

附：

16 种烹饪术语

1. 炙锅：指炒、熘、滑、爆或摊蛋皮等临烹制前的一道必须的操作程序。方法是将炒锅用旺火烧至温度很高时，倒一些冷油，用瓢边淋搅，使之向四面散开，然后倒去油再进入下一步操作，炙后的锅光滑油润，原料下锅受热均匀，不易粘锅，不仅方便操作而且能保证菜品质量。

2. 码味：烹调前的调味。用盐、酱油、老姜、大葱、花椒、料酒等把原料调拌或浸渍一下，使其先有一个基本味。码味对原料有除异增鲜的作用，码味时要根据菜肴的烹制要求和对菜肴、调味品的要求选择时间的长短。

3. 码芡：将码味后的原料粘附一层薄薄的芡汁，目的是保持原料的鲜味、营养、水分使其质地细嫩。码芡时根据菜肴的烹制方法、成菜的要求，掌握干稀和芡汁的选用。

4. 散籽：将码味、码芡后的原料下锅炒至彼此分开互不粘连的状态。影响散籽的三个因素是炙锅、油温、码芡。

5. 兑滋汁：根据菜肴的味型要求，把各种调味品（盐、酱油、醋、白糖、味精、料酒、胡椒粉、水豆粉等）装入小碗内调匀成滋汁。

6. 烹滋汁：指事先调好的滋汁，适时地从原料的周围倒下，不停地动锅。

7. 宾俏：指姜、葱、蒜、泡红辣椒、干红辣椒、花椒、小米辣、野山椒等。

8. 氽：指动物性原料下锅刚刚煮断生。

9. 旦：指植物性原料下锅刚刚煮断生。

10. 出水：除去动物性原料的腥异味（血水），作用是不影响菜肴口味，增美颜色。

11. 打葱油：用中火热油，先将姜、葱下锅炒出香味，再下原料煸炒一下加汤或水（或加汤后再下原料），一般用于烧烩类菜肴。

12. 吃味：菜肴烹制过程中的调味，吃味中的“味”一般是咸味。

13. 勾芡：菜肴起锅时加少量的水豆粉使汤汁浓稠巴汁巴味，可分为二流芡（大、小）、米汤芡、刷把芡、玻璃芡等。

14. 搭明油：菜肴起锅时，加入少量的鸡油、猪油、老油或香油，目的是增加菜肴的光泽，亮油亮汁。

15. 炒糖色：用少量的油炒白糖或冰糖，炒时用小火炒至浓稠翻泡，浅红色时加热水搅匀成糖液（水炒、油炒、干炒）。

16. 斯油水制作：将胡萝卜片、青椒片、黄瓜片、洋葱片、野山椒、小米辣、老抽、老姜、大葱、芹菜、八角、白蔻、草果、茴香、桂皮、陈皮、糖色（冰糖）、盐全部泡入冷开水或纯净水中 12 ～ 24 小时即可使用。

【拓展阅读】

鼻子的感觉迷失在口中

高成鸢

达尔文[①]发现动物的感官会进化、退化。最明显的是鼻子，人类不靠气味觅食，嗅觉退化得猪狗不如。类人猿不懂美丑，视觉、听觉毫无欣赏要求。嗅觉方面，狗吃屎都不嫌，人则厌恶臭的、欣赏香的。纯粹的嗅觉享受是花香，欧洲仕女讲究赠送鲜花；华人[②]这方面似乎低人一等，然而古代的中国人却超过西方。先秦诸子的言论中常拿鼻的欲望跟眼、耳并列，荀子就说“鼻欲綦（极）臭”，还说人要用芬芳的气味来“养鼻”，还跟“养眼”并列。经典明言，气味是周代人的好尚。尽管书里的“臭”说的是祭神，便对当时人们的习尚[③]也不能排除。

后代华人对花香的欲望明显淡漠了，笔者认为这是因对美食的追求而使之“边缘化”。先是文人的“熏香”替代了鲜花。书房里的熏炉始见于东汉，大致在同时，用花“养鼻”的习尚趋于消失。宋代书香普遍流行，同时以苏东坡为代表的美食运动兴起。花香的嗜好[④]跟美食的嗜好相关，道理在于华人饮食的独特。

不同类的嗅觉享受都用“香”来表示，这就要弄清“香”字的演变。篆字“香”是上“黍”下“甘”，仅仅指黍米的暗香。兰花很香，但早先只能用“芬”“芳”形容，“芬”字出现更早些，“芳”字本来是草名。黍米的“香”扩大到花上，从古书记载来看，过渡时间是汉代。先秦文献里找不到“香”用在吃食上的例句。老学究[⑤]会找出两例，但都不能成立。

“香”字带上“甘”这个零件，鼻感就掺进了舌感。黍米饭对华人的无比重要，使“甘”的嗅觉因素成为本位，衍生[⑥]出好闻的香、好吃的香。早先常用“芬苾”形容香气，“苾”似乎是好闻与好吃的过渡。还有个“飶”是《诗经》研究中的难题，朱熹[⑦]也承认没法儿解释，可以理解为烹调成品。

荀子[⑧]用芬苾形容椒兰，“椒”即花椒，很早就成为华人烹饪的主要调料，是“养鼻”与“养口”的过渡之物。“香”用于肉类食物更要晚得多，不过先秦就有个“芗[⑨]”字像是过渡。“芗”曾表示牛脂的气味，《礼记》曾用“芗”形容牛油的气味，笔者发现同一段话在《周礼》中又作“香”。牛本有膻气[⑩]，近似芳香的牛脂要加热才能析释出。可见膳食之“香”都是人为烹调的产物。

顺便说说华人用食物祭神的问题。华人认为神鬼也怕挨饿，又面对祭品不会被吃的事实，因此相信神鬼会用嗅觉享受食物的气味，还有专用词语就是“歆[⑪]”。

鼻子的感觉迷失在“口”中，“香”属于鼻子的感觉，但它原来的字形却是带有口舌感觉的“甘”字，这既是错乱，又有道理——黍米的暗香就是吃在口里才能感到，跟嗅觉的关涉是极难发现的。

中国古人也很讲究让鼻子享受“芬芳”的嗅觉愉悦，就像眼睛需要享受美色美景一样。古汉语里还有表示嗅觉失灵的词，表明了华人的嗅觉审美曾经多么发达。

“嗅”字用“口”旁代替了早先的“鼻”旁（齅），难道中国人的鼻子都不管用了？经过长期探求，笔者才参透了个中玄机[⑫]：正是中国饮食文化的高度进化，造成了汉语的“退化”。具体的机理就是：“味”审美的畸形发达，带来了中国饮食感官与心理的畸形进化。借用书法家的话来说，就是所谓“臻于化境”[⑬]。中国人把嗅觉、味觉的意识“化”在一起，变成一团模糊的“味”。

变化的具体过程，得从鼻子的功能说起。人的各个感官都有自己的快感、美感，有独立的享受。耳朵要享受好听的音乐，眼睛要享受好看的景色，同样，鼻子也要享受好闻的气息。但鼻子的感觉，除了独立的一面，另有不独立的一面——在欣赏美食时，鼻子又参与了口的感觉，无形中变成了“口”的附庸。

嘴巴能吞没鼻子的功能，皆因鼻子长得太特别：它一头是独立的，另一头通着口腔。汉朝思想家王充[⑭]对鼻子的结构、原理认识得最清楚，说鼻子能享受美食的气息，全靠鼻子通气儿。他反对拿美食祭死人，说死人鼻子不通气儿，哪能闻到祭祀美食的气息？有一类是空气中的外界气息，作用于鼻子的前门；另一类是吃东西时口中的气息，作用于鼻子的后门，两者有内外之分、正反之别。

最早，人吃东西单纯为了饱肚，鼻子专管嗅外在的气息来寻找食物，至于吃东西时口腔里边的气息，因为还没什么意义，没人注意。自从陷进“饥饿文化”，中国人对吃的感受大大强化了。羹、饭的分工带来“味”的启蒙以后，对口中食物气息的感受十分突出，鼻子后门的感觉变得极端重要，前门的感觉就变得相对次要了。这样“倒流嗅觉”就压倒了“正流”。汉代以后的思想家，极少再像先秦那样谈论花香的享受了。

（节选自高成鸢《味即道：中华饮食与文化十一讲》，有删改）

【注释】

①达尔文：英国生物学家，进化论的奠基人。曾经乘坐贝格尔号舰作了历时 5 年的环球航行，对动植物和地质结构等进行了大量的观察和采集。出版《物种起源》，提出了生物进化论学说，从而摧毁了各种唯心的神造论以及物种不变论。生物进化论学说与细胞学说、能量守恒转化定律被恩格斯誉为 19 世纪自然科学的三大发现。

②华人：即中国人，国人。因本书是在香港三联书店出版，其面向世界上的所有中国人，故以“华人”一词出现。

③习尚：习惯，风尚。上文的“好尚”为喜欢崇尚之意。

④嗜好：指特别深的爱好。

⑤老学究：读书人的通称；亦指迂腐浅陋的读书人。

⑥衍生：实际上或理论上从母体物质得到的（物质，如经过取代或水解）；演变而产生。

⑦朱熹：字元晦，又字仲晦，号晦庵，晚称晦翁，谥号“文”，世称朱文公。宋朝著名理学家、思想家、哲学家、教育家、诗人。

⑧荀子：名况，字卿，战国末期赵国人。著名思想家、文学家、政治家，世人尊称“荀卿”。

⑨芗：古书上指用以调味的紫苏之类的香草。

⑩膻气：一般指牛羊肉的气味。

⑪歆：此字始见于《说文》小篆文字。《说文·欠部》曰：“歆，神食气也。从欠，音声。”这里说的是此字的本义是祭祀时鬼神享用祭品的香气。

⑫玄机：天意；天机；深奥微妙的义理。

⑬臻于化境：已达到神奇的境界。臻，达到。

⑭王充：字仲任，会稽上虞（今浙江绍兴）人。王充以道家的自然无为为立论宗旨，以“天”为天道观的最高范畴；以“气”为核心范畴，由元气、精气、和气等自然气化构成了庞大的宇宙生成模式，与天人感应论形成对立之势。他在主张生死自然、力倡薄葬，以及反叛神化儒学等方面彰显了道家的特质。《论衡》是王充的代表作，也是中国历史上一部不朽的无神论著作。

阅读导引

高成鸢，山东威海人，天津文史馆资深馆员，从事文化史研究，完成国家史学课题《“尚齿”（尊老）：中华文化的精神本原》，曾为季羡林手书推荐。因兴趣驱使，探究中华文化的物质本原，埋头破解没有学科地位的“中餐由来”问题，由此成为“饮食文化”开拓者之一，获得中国烹饪协会、世界中餐联合会的饮食文化专家委员会顾问等头衔。

本文选自高成鸢《味即道：中华饮食与文化十一讲》一书，该书从味之道来谈中国饮食，观点新奇，解读了中国老百姓日常“饭菜交替”中的“味道”密码，从“吃”中发现影响文化的诸多方面，堪称名家。

任务三

【文本阅读】

吃草与吃肉

林语堂

近来在编纂一本中文字典，觉得心情平静得多，省了多少是非。因此感觉做学问工作如吃草，做文人时论如吃肉。

编报纸，做时论，评时事，正人心，息邪说[①]，比较含有人与人之接触，必有仇敌。做学问，做考证，考经史。编字典，自然而然少是非，而且自有其乐。寻发真理，如牛羊在山坡上遨游[②]觅食。两种工作都重要，但须各凭其性情而行，不能勉强。这个意思，可扩而充之。世上只有两种动物，一为吃草动物，包括牛羊及思想家；一为食肉动物，包括虎狼及事业家。吃草动物只管自己的事，故心气温和善良如牛羊；吃肉动物专管人家的事，故多奸险狡黠[③]，长于应付、笼络、算计、挟持、指挥……前者，学人、发明家等，只对学理事物有兴趣，而在社交上却常要羞羞答答；做委员，喝听差都不大行。后者如刘邦、朱元璋一类英雄豪杰，用兵用将，料事如神，而对于子曰诗云，一听便头疼，糊里糊涂。

食肉者搏击食草者，食草者也常藐视食肉者。思想家一方羡慕事业家，一方又看不起事业家。世间食肉之徒，偶尔读两本书，就在书中觅黄金屋、颜如玉[④]、钟重禄[⑤]，哪里是真正懂得食素之味？学问兴趣他们是不懂的。偶尔出洋，偶尔留学，第一目的就是看准学位头衔。他所读的政治法律及大学管理法，可以让他回来当议员委员，高官俸禄，养父母，给妻子，并不是在研究政治学说学问上做工夫。

袁中郎[⑥]描写此种人心理极好。“吏趣者，其人未必有才，但觉官有无穷滋味，愈劳愈佚，愈苦愈甜，愈谈愈不尽，不穷其味不止。若夺其官便如夺婴孩手中鸡子[⑦]，啼哭随之矣。”（《与张幼于书》）此语便含食草者对食肉者的讥笑[⑧]。

我想这类专管别人家事的工作，其意义还在一个木匠做一个木盒之下。但是不让食肉者管别人家事，他心里就不高兴。食肉者也轻鄙食草者。“议论空疏[⑨]”“阔论高谈”“咄咄书空”[⑩]是文人之罪。而文人也常有令人轻鄙之处。

食肉者对文人表示轻鄙，非搏击文人时，而是秦莽[⑪]文人时。此种秦莽文人，我想仍不是真正读书种子，是借食草之名求食肉之便，还应该归入食肉类去。他们一旦得意，仍善于互相倾轧[⑫]，弄权舞弊，作威作福，恃势凌人。

“文学无用”之说也是对的。革命是干的，不是谈的。打虎就得上山，站在高楼绮窗[⑬]前高唱：“打啊！打啊！”我总觉得滑稽。声势愈凶猛愈形其滑稽。他为什么不上山去？我老是问。所以高谈革命者，我根本就把他归入食肉之类，他是以食草之名求食肉之便。站在绮窗前而喊打虎之人，笑别的站在绮窗前而不喊打虎之人，那叫做滑稽。站在绮窗前而不喊打者，笑别的专在起床前喊打虎者，那叫作同情的幽默。他好像说：你只能喊打，而我充其量也只能喊打，你我都只能喊，然而喊是无用的。打而不喊者上上；打而且喊者次之；不打亦不喊者居中，有自知之明；喊而不打者中下；自己喊而以骂别人不喊者为能事者，斯为下矣。

（选自《宇宙风》第 14 期，1936 年 4 月，有删改）

【注释】

①息邪说：指平息纠正歪理。邪说，不正当的议论、主张，歪理邪说。
②遨游：一指漫游，游历；二指游乐、嬉游；三指奔走周旋。
③狡黠：意思是诡诈，狡猾；做褒义词时形容人古灵精怪，机灵。
④黄金屋、颜如玉：指读书。
⑤钟重禄：意思是衷情于官位。禄，古代官吏的俸给，借指官职。
⑥袁中郎：即袁宏道，字中郎，又字无学，号石公，又号六休，荆州公安（今湖北公安）人。明代文学家。
⑦鸡子：鸡蛋的别称。
⑧讥笑：冷言冷语地嘲笑。
⑨空疏：（学问、文章、议论等）空虚；空洞。
⑩咄咄书空：形容失志、懊恨之态。
⑪蓁莽：草木茂盛的样子；荆棘丛生的样子。
⑫倾轧：以争吵、摩擦和对立为特色的持久的不和。
⑬绮窗：雕刻花纹的窗子。绮，有花纹的丝织品。

阅读导引

林语堂，福建龙溪（今福建漳州）人，原名和乐，后改玉堂，又改语堂，著名作家、学者、翻译家、语言学家，新道家代表人物。

林语堂早年留学美国、德国，获哈佛大学文学硕士，莱比锡大学语言学博士。回国后在清华大学、北京大学、厦门大学任教。1945 年赴新加坡筹建南洋大学，任校长。曾任联合国教科文组织美术与文学主任、国际笔会副会长等职。林语堂于 1940 年和 1950 年先后两度获得诺贝尔文学奖提名。曾创办《论语》《人间世》《宇宙风》等刊物，代表作有小说《京华烟云》《啼笑皆非》，散文和杂文集《人生的盛宴》《生活的艺术》以及译著《东坡诗文选》《浮生六记》等。1967 年受聘为香港中文大学研究教授，主持编撰《林语堂当代汉英词典》。

文学与生活

林语堂是我国现代文学史上一位重要的作家，他谈吐诙谐，热衷幽默，对中国幽默文学的异军突起到了一定的作用。他富有创造性地把英文“Humour”音译为“幽默”，从而使幽默一词在中国迅速流行开来。

林语堂的幽默像是生活的一种调味品。抗战前林语堂寓居上海近九年，并被谑称为“幽默大师”。林语堂在《八十自叙》中说：“并不是因为我是第一流的幽默家，而是在我们这个假道学充斥而幽默则极为缺乏的国度里，我是第一个招呼大家注意幽默的重要的人罢了。”

问题指南

思考

在这篇文章中作者首先指出“文学无用”是对的，接着用比喻论证做文学（空头革命家）如见老虎只喊不打一样没有实际效果，最后总结对革命的哪几种态度，嘲讽了“光喊不干还骂不干也不喊”行为的可笑。

评价

对文中的“食草者”的刻画：心气温和良善；对学问有兴趣，不善社交。“食肉者”多奸险狡黠；有才干，世故，不喜欢读书，对学问不感兴趣；心理很好；重名利。然而又互相看不上对方。

扩展

中国语言博大精深，作者风趣地把人情世故分成两类：一类是埋头学问，不问世事；一类是争风出头，舞权倚势。两类人互相攻讦，互相依存。尽管世道变化，但人心的改变融合还是待解之题。

文学寻味

通过学习我们知道，我们的饮食文化已经浸入生活、浸入人生、浸入文学、浸入文化等各个角落，值得回味和书写的太多。

【语文实践活动】

// 我来说菜谱 //

活动设计

开一家餐馆，需要制订一份符合餐馆档次的菜谱。菜谱是可供顾客选择所有菜目的一览表，是沟通厨房产品与食客的重要桥梁，它既是餐饮经营的计划书，也是餐饮销售控制的工具，更是餐饮促销的重要手段。

活动目标

制作一份较全的菜谱：学会调查市场需求，明确餐饮经营宗旨，知晓餐馆定位，熟悉原料供应情况，掌握厨房生产能力，学会成本控制及菜品的营养和盈利。

活动准备

1. 班级学生分组，每组按照以上活动目标规划自己的“餐馆”“酒楼”（取上名字，并做好定位）。

2. 每组设计一份菜谱（将特色、内容、价位、字体、装饰、颜色、图片等综合考虑进去）。

3. 可上网查找相关资料，了解新派菜谱的做法。

4. 制作成型后准备展示。

活动步骤

1. 将本组菜谱进行展示。

2. 请各组成员代表介绍本组的设计思路。

3. 各小组互相评分。

4. 总体对各组菜谱进行评分。

活动评价

对学生本次活动表现进行评价，将设计或表达较好的学生评选出来。让学生说说菜谱设计的重要性和意义，并创新自己的菜谱。

活动反思

因是进行“空中楼阁”式的设计，可能会出现“天马行空”的想象，制订的菜谱与实际不符，要进行正确合理的引导。

【拓展阅读】

谈粽子

蔡 澜

又到吃粽子的季节了。朋友送的、自己包的、各地的名粽，吃个不停，吃个腻。再也不能吃了，再也不想吃了，到了明年，粽子又出现，又吃个不停。

什么地方的粽子你最喜欢？当然是你生长的地方包的，小时的记忆，影响了你的一生。我是潮州人，我爱吃潮州粽子。潮州粽除了肥猪肉之外，还有豆沙，又甜又咸，北方人一听，什么？甜的粽子怎么吃得下去？你们这些人的口味很古怪呀！

这一来，就吵架了，谁说你们家乡的粽子不好吃，谁就是敌人，非得置你于死地不可，这是深仇大恨，故乡之耻呀！怎能不报呢？我绝对没有这个情意结，你不喜欢吃潮州粽，好得很呀，你们做的，又是什么味道呢？让我尝尝。

这一辈子，吃过不少粽子，可以总结一下。

从广东地区开始，我喜欢的是东莞的道滘[①]粽，它的原料很简单，咸蛋黄、黄豆等，但不同的是包着一块肥肉，而那块肥猪肉，是浸过糖水，用糯米包了，蒸熟之后，整块肥猪肉溶化在糯米之中，那种好吃法，只有你亲自试过才知道。什么？又是甜又是咸，难吃死了。我的上海朋友一吃，即刻作出这种反应。

他们喜欢的嘉兴粽，包得长长的，有鲜肉粽、蛋黄粽，也有豆沙粽、蜜枣粽和栗子粽。甜的就是甜的，咸的就是咸的，从来不像广东人吃的那种又甜又咸的，难吃死了。但你一批评嘉兴粽，又有一大帮人来追杀你。

从上海到杭州的路上，你就会看到各种不同的嘉兴粽，好吃吗？的确不错，尤其是新鲜包的，蒸得热腾腾的，一把粽叶打开，那种香味，是不能抗拒的。我必须承认，我非常爱吃。如果不是去上海附近，我也会在香港的南货店买回来吃，吃个不停，尤其是加了金华火腿的，百吃不厌。我虽属广东人，但我也欣赏嘉兴粽。

凡是有中国人的地方，就有粽子。到了台湾，他们各地都有不同的特色，台南有种粽子看不到米粒，先是把饭制成粿，再包猪肉的，叫为粿粽。

台湾人把粽子愈做愈精细。台北有一家专卖海鲜的餐厅叫“真的好”，他们不在端午节也卖粽子，包得很小，长条形，馅里面的料有些海鲜，是我吃过最好的粽子之一。下次有机会去台北不妨一试，就知道我说些什么。

台湾一般的粽子深受闽南的影响。去到泉州，他们有种五香粽，非吃不可。肉馅之内放了五香粉，已成为它们的特色，已传到各地的闽南餐厅，任何时间都能吃到这种五香粽。

粽子传到南洋，马来人和中国人结了婚，成为娘惹和峇峇[②]一族，他们做的娘惹粽，也带甜，但十分好吃。有些娘惹还用当地的一种蓝颜色叫“BUNGA TELANG”的花，把米饭染色，变成蓝色的粽子，中间包了加椰糖的椰丝，是甜粽子的另一种境界。

中国文化，也影响到日本人，他们把粽子叫为“茅卷”（CHIMAKI）。

早年的台湾料理店，都卖烧肉粽，一家叫“珉珉”的料理店卖的粽子最受欢迎。

我们留学生一想念家乡，就去那里吃粽子。现在这家老店还在经营，有时到东京，还是去吃吃，味道好像没有从前那么好了。日本人把粽子变化了，用竹叶来包，是粗大的那种，一叶包一粽。在北海道的札幌，有家料亭，从前专做政客和有钱人生意，有艺伎表演，当今经济衰弱，虽照样营业，但一般客人可以随时光顾，叫“川甚”（KAWAZEN）。他们做的料亭菜非常之丰盛精致，但留下印象的，是最后上的那个粽子。我们一群人去，有些人不会欣赏，我都把剩下的打包回来。翌日，大家去吃什么螃蟹大餐时我空着肚子，宁愿回到酒店吃粽子。

不是所有产名粽的地方都有好吃的粽子，像肇庆，简直是粽子之乡，到处都卖，一年四季皆能吃到。我买了一个回酒店，打开一吃，尽是糯米，馅料甚少，不觉得有什么特别之处。问当地人，他们说这里旧时常闹水灾，乡民逃到高处，也就是靠吃粽子维生，主要是吃得饱，馅少不是问题。

当今，生活条件好了，大家拼命推出高级食材的，什么鲍鱼、鹅肝酱、鱼子酱都包到粽子里面，用的当然不是什么溏心干鲍，大连产的，像吃树胶擦，难于下咽。

如果想吃高级，还是去澳门吧。那里有家甜品店叫“杏香园”，所卖的凉粉椰汁雪糕或白果杏仁等当然精彩，但最好吃的反而是他们包的咸粽子。除了金华火腿、咸蛋黄肥猪肉之外，还有六粒大大的江珧柱③，货真价实，真是豪华奢侈。

谈粽子，我一向不喜欢用“糉”④这个写法，好像吃了会从耳朵流出来，变成傻瓜一个。

要吃完所有粽子来比较哪一种最好，得花三辈子吧？有一点是确定的，世界上最香最好吃的粽子，是你肚子饿到贴骨时吃的那一个，没有一个人可以和你争辩，那是天下最好吃的！

【注释】

①滘：多用于地名。

②娘惹和峇峇：古代中国移民（主要是福建和广东潮汕地区）和东南亚土著马来人结婚后所生的后代，女性称为“Nyonya”（娘惹），男性称为“Baba”（峇峇）。

③江珧柱：中药名。为江珧科动物栉江珧的后闭壳肌。分布于黄海、渤海、东海、南海等地。冬季至春季采捕，捕得后，除去肉，取后闭壳肌，鲜用或加工为干制品，俗称“干贝”。

④糉：粽子。

阅读导引

蔡澜的这篇富有乡土情趣的散文，将各地的粽子作了一个对比，由一开始的家乡的是最好的，到结尾“世界上最香最好吃的粽子，是你肚子饿到贴骨时吃的那一个，没有一个人可以和你争辩，那是天下最好吃的”，说明了人们只有在饥饿时才会认真对待食物。

任务四

【文本阅读】

西瓜清凉

方八另

每到夏天，我就迫不及待想吃西瓜，寻找西瓜里的凉意。我不喜欢吃反季节水果，特别是西瓜，觉得质硬如铁，味酸难入嘴；也不喜欢吃用色素或激素制造的西瓜。而喜欢本地有籽的西瓜，明暗相隔的条纹，颜色接近白色、绿色，有股凉意入侵。

进入暑假，本地西瓜刚好上市，长沙的天气也进入了最炎热的时候。我吃西瓜，不只在于它的味道甜美、甘醇，还在于我身体本身的需要，每天吃上半个西瓜，身体的病痛就轻了几分，身体也舒畅不少，还补充了水分。

西瓜多汁，有润肺、润便秘的功效。在炎热的长沙城，身体热得冒火，全身汗液淋漓，体质空脱，肠胃便结，最需要补充糖分，西瓜是最好的食补。

长沙的西瓜瓜瓤[①]脆嫩，味甜多汁，含有丰富的矿物盐和多种维生素，成熟的西瓜除含有大量水分外，还含5%～12%的糖，包括葡萄糖、果糖、蔗糖。可治口疮、口疳[②]、牙疳、喉蛾、喉症，瓜瓤有清热解暑、解烦渴、利小便、解酒毒，治热症、暑热烦渴、咽喉疼痛、口腔发炎；西瓜皮治肾水肿、肝病黄疸、糖尿病；西瓜籽有清肺润肺功效，和中止渴、助消化，可治吐血、久嗽；西瓜籽壳治肠风下血、血痢。

西瓜原产非洲，汉代从西域引入，五代时始入中国，故称西瓜。东南沿海的西瓜，则缘于汉武帝曾派译长募商民、携丝绸，乘海船去西方国家“市明珠、璧流离、奇石、异物”[③]，由“海上丝绸之路”传入中国，因性寒解热，故称寒瓜。其实，无论是西瓜还是东南沿海的寒瓜，都是同一物种。目前，我国绝大部分地区均有种植，果味甘甜性寒，因为土质味道稍有差异。

我熟识西瓜，小时候在农村搞“双抢”[④]，有了熟食的情结。每到“双抢”季节，有人贩来西瓜，在村供销社出售。太阳西下，我们走四五里山路，到供销社坪里等运西瓜的拖拉机，只要拖拉机一到，大伙围拢过去，挤在前头抱个大西瓜，赶快去过称交钱。背回家，放在阴凉之地。第二天中午，把西瓜洗净，泡在冰凉的水井里，西瓜凉后切成大块，分给午觉后刚睡醒的人们，饱餐一顿后，大家下田干活，就很少有人中暑。

我在城市里生活后，一年四季都可以吃到西瓜，我却觉得西瓜不好吃，皮特别厚，肉质也结实，总找不到儿时的感觉，多少有些遗憾。

到了夏天，我还是喜欢吃西瓜，吃到本地西瓜，我才知道：城市的黑美人、早春红玉、湖南农科院1号、沙漠瓜等，都不是我儿时吃的本地西瓜。我仔细研究后才知道，小时吃的西瓜有些像现在的沙漠瓜，却不产于沙漠，而是沙土。

西瓜摆在地上，瓜皮的花纹像沙漠里的沙浪，多个瓜摆在一起，还真有点沧桑感，波浪起伏。我深入了解，本地西瓜有两种：一种比较脆，一种比较粉，脆的水分多，粉的糖分多，吃时各有千秋，我爱吃水分多的西瓜。瓜农告诉我，种西瓜雨水太多不好，西瓜虽然长得个大如盆，却寡淡无味，就像白开水，瓜熟的时候连续晾太阳，西瓜就又甜又脆了。在长沙周边种西瓜，沙土的西瓜比较粉、颜色较深，黄土的西瓜水分多，颜色较浅，瓜瓤的颜色却相反。在宁乡、益阳一带，农民不种旱稻，多种西瓜，瓜熟后运往长沙，吃完西瓜，再种上晚稻，即赚了钱，也有粮食吃。

我与妻子在夏天都离不开西瓜，有朋友来，都用西瓜待客，有爱吃西瓜的，夏天喜欢来我们家坐坐，共话西瓜经。

【注释】

①瓜瓤：指瓜类的肉。

②疳：也称疳证、疳疾、疳积，是一种慢性营养障碍性疾病。

③市明珠、璧流离、奇石、异物：出自《汉书·地理志》。璧流离，宝石名。

④双抢：农村的抢收抢种。

阅读导引

方八另，笔名巴陵，湖南新化人，从事图书出版和策划工作。现为湖南省作家协会会员、职业书评人、美食旅游专栏作家。出版过散文集《秋声高处》《村庄散记》等。

作者是著名美食作家，他的笔触就是他的味蕾，将饮食品赏借助笔端挥发出来，形成美食美文，让读者如身临其境。这篇《西瓜清凉》将西瓜的功效、营养特点作了详细的介绍，字里行间透露出淡淡的乡愁，怀念儿时乡村味道。通过此短文，我们知道了西瓜的原产地和源起、分类等信息，把西瓜带给人的清凉惬意融入生活中。

文学与生活

作者关于饮食美食的文章很多，都是作者生活的经历和积淀。他关注饮食原材料，关注其历史文化；关注地方美食和美食文化，尤其是他的味觉灵敏，能够精准地把握味色，且描述准确，能让人读后引起共鸣，想一尝为快。

人们离不开饮食，在制作饮食的过程中形成了一整套完整的体系，这些体系与我们息息相关，需要大家去努力开发，形成自己的特色。

问题指南

思考

这篇文章很容易理解，想想作者对西瓜作了怎样的描述，描述了哪些内容，为大家概括一下。

评价

通过作者的品味，大家可以从笔端感知西瓜的味道。作者将自己的感觉行诸文字，值得大家从这些身边常见美食或食材上去发挥，把自己心中的本味自然表达出来。

扩展

中国的文字是非常有趣的，也是很奇妙的，可以是鸿篇巨制，也可以是精致短文。同学们可以尝试进行创作。

文学寻味

神农尝百草，人们从而知百味。人们因为要依靠食物才能生存繁衍，所以才去了解食材食性，形成了营养学。寻味的同时，是在延续生命，是在用大自然保养自己。大家要多注重营养平衡，膳食搭配，才能更好地把祖国丰富的食疗、医食传承和发扬光大。

【语文实践活动】

// 我来说营养 //

活动设计

烹饪的菜品最终将成为人们的美食，美食是能满足人们生理和心理需要的物品。心理上满足了人们的食欲和审美情趣，生理上则是食物富有营养，能够输送营养素进入人体，维持人的生命活动和身体机能。

活动目标

食物包含六大营养素，通过本次活动，认识不同营养素及其功能作用。明白营养对人体的重要性，学会如何进行营养搭配。

活动准备

1. 班级学生按照六大营养素进行分组，每组以一个营养素来命名组名。
2. 各营养素组成员需明白本组代表的营养素，查找该营养素在人体中的功能和作用。
3. 查找与营养有关的资料，了解营养现状和营养问题。
4. 准备相关图片工具。

活动步骤

1. 在教室中分出场地，规划出人体吸收营养素的过程，让各组根据自己的功能进入场地。

2. 各组在10分钟内完成自己所属营养素的功能或作用的填写。

3. 各组进行展示并强调自己所代表的营养素的分类组成和功能作用。

4. 小组互相评分。

活动评价

对学生本次活动表现进行评价，让学生小结营养素的分类及功能作用，明确营养素对人类的意义，并记住各营养素的特点和作用。

活动反思

对活动过程进行反思，点评学生的准备情况，查找和分析其中存在的问题。

案例：

人体所需的营养大致可分为六大类：维生素、蛋白质、脂肪、碳水化合物、矿物质和水。

维生素在过去叫作维他命，顾名思义，维生素就是维持生命的元素。维生素的种类很多，已知的已有20余种，包括维生素A、维生素B、维生素C、维生素D、维生素K等。每个人所需的维生素量很少，但它对人体却发挥着不可取代的作用。人体一旦缺乏了维生素，生长发育就要受到影响，有时还会引起一些疾病。例如缺乏维生素A，会引起儿童发育不良、夜盲症、皮肤粗糙等，这时就要补充一些动物肝脏、鱼类、玉米、萝卜等；缺乏维生素B，就会患脚气病、神经炎、糙皮病等，可吃豆类、蔬菜、肉类；还有我们常说的维生素C，缺少它会得坏血病，抵抗力也会下降，患维生素C缺乏症的人应多吃蔬菜和水果；缺乏维生素D便引起佝偻病、软骨病，应多吃鱼类、蛋类和肉类；还有维生素K，缺乏它会导致出血现象，这时就应多吃绿色蔬菜。

蛋白质是构成人体细胞的基本物质，我们的生长发育、组织更新及提供能量都少不了它。蛋白质主要来源于鱼类、牛奶、肉类、干果仁、豆类等。

脂肪也是为人体提供能量的物质，一般来说，脂肪只贮存在体内，主要来源于油、蛋、鱼、肉、奶、豆类、芝麻等。

能为人体提供能量的还有碳水化合物，人体的活动所需的能量主要来源于它，它还是构成细胞的一部分。含碳水化合物较多的食物有面食、米食、马铃薯和糖等。

矿物质也叫无机盐，在体内的含量不多，但却很重要，常见的有钙、锌、铁、镁、磷等。这些都是不可缺少的，其中钙、镁、磷是骨骼和牙齿的主要成分。矿物质主要存在于奶类、蛋类、肉类、鱼类、蟹类等中。

水是万物生存中必不可少的，也是所有营养素中最重要的一种，若断水 3 天或失去体内水分的 1/5 将导致死亡。水是细胞的重要组成成分，它参与人体内各种生化反应，是重要的溶剂，水还能够调节人体体温。

总之，人体需要上述多种营养，这些营养都要从食物中摄取。所以要想使自己身体健康，就要多摄取营养素，并且做到营养平衡。

【拓展阅读】

从慢食到简烹

董克平

2015 年 11 月，为了白松露，我和大董、徐小平等人一起去了意大利的阿尔巴，几天的行程里，挖了白松露，吃了白松露，买了白松露，可谓是收获颇丰。回国之前，接受慢食运动发起人卡尔洛·佩特里尼（Carlo Petrini）的邀请，一起吃了午饭，实际体会了一次慢食，由此开始关注慢食运动。

慢食运动是针对快餐流行而发起的，旨在唤起人们对饮食传统和食物本身的尊重，放慢进食节奏，享受食物给人们带来的快乐。标准化工业化生产的快餐食品，为人们提供方便快捷的同时，也在一步步蚕食[①]着人类的饮食传统和饮食文化的传递。卡尔洛·佩特里尼为此发起了旨在放慢生活节奏，发现食物乐趣的“慢食运动”。美味，环保，公平是慢食运动的三大原则，用多一些的时间和从容的心态享受食物给人们带来的快乐。食物王国的丰富多彩，也许只有慢食才能体会到它们的精彩。

慢食（从容）出真味、出美味，真味、美味的成就过程成了人们关心热议的问题了。不同的厨师使用不同的烹饪方法，让美味有了多种表达方式，科学科技的介入，食物的呈现更是百花齐放，精彩纷呈。分子料理[②]浪潮过去后，那些先锋烹饪的大师们，开始研究同等条件下（一锅同质的汤水）食材不同形状对味道的影响，寻找蛋白质发酵的峰值[③]。相比于传统烹饪的烧烤焖炖蒸煮炒炸等方式，汤煮这种看似简单的方法是高层面上的对真味的探求，是在现代烹饪理念中的返璞归真[④]。以简单手法追求味道的极致，这让我想到宋代林洪[⑤]在《山家清供》记录的至简烹饪的菜肴“傍林鲜”：“夏初竹笋盛时，扫叶就竹边煨熟，其味甚鲜，名傍林鲜。”竹林里挖来鲜笋，就在竹林边用竹叶小火慢慢煨熟而食，可谓是简烹的巅峰之作了。

烹饪技艺的百花园里，简烹只是其中之一，林贞标先生更进一步，白水煮出真味香。他在《自序》中说：“这本书的每一个字都是用白水煮了吃出来的。”凭着这份执着，林贞标先生在出版了《玩味潮汕》之后没有多久，就有了这本记录他在追求味道本真滋味过程中的心得，这本书里有他的味道心得，更有他赋予食物的真实情感。“食物只要是前处理做得好，只需用最简单的方法去烹煮，只要把它的火候掌控好，便能表现出真正的美味。”林贞标如是说。

快餐的恣意汪洋让慢食成了当今世界范围内的运动，脑满肠肥的带来的身体压力、环境压力，让简烹成为今天的健康时尚。“无论从健康的角度，还是对于食物理解的一种返璞归真的回归，简烹势在必行，所以决心动笔把我对食物的简烹理念和做法写出来，希望能带给对吃有要求的朋友们一些参考意义。”这是作者的期望，更是我这个追随者的愿望。

（选自董克平《寻味儿：董克平饮馔笔记》）

【注释】

①蚕食：如蚕吃桑叶那样一点一点地吃掉，比喻逐步侵占。

②分子料理：又名分子美食学，是将所有烹饪技术和结果用科学方法去解释，并用数字精确控制的一项烹饪艺术。分子料理的出现是人类从微观角度真正认识食物的重要标志。它将烹饪这一数千年的重复劳作，用物理、化学、生物学等现代科学理论来打破和重建。

③峰值：指一个周期内信号最高值和最低值之间的差值，就是最大和最小之间的范围。它描述了信号值的变化范围的大小。

④ 返璞归真：指去掉外在的装饰，恢复原来的质朴状态。

⑤林洪：字龙发，号可山，泉州晋江（今福建石狮）人。南宋文人、美食家。擅诗文书画，对园林、饮食也颇有研究。著有《山家清供》二卷和《山家清事》一卷，收录以山野食材为主料的菜品，记其烹制方法，行文间有涉掌故、诗文等，内容丰富，涉猎广泛。又著有《西湖衣钵集》《文房图赞》。

阅读导引

董克平，《舌尖上的中国》美食顾问，央视《中国味道》总顾问。美食专栏作者，著名美食评论家。毕业于北京大学哲学系。与五岳散人合著有《吃货》一书。

松露是一种蕈类的总称，分类为子囊菌门西洋松露科西洋松露属。大约有 10 种不同的品种，通常是一年生的真菌。生长在土里，偏好碱性土质，高品质的松露主要出产于石灰质地形区内，如意大利的阿尔巴、法国的佩里哥、中国的云南等。松露食用气味特殊，含有丰富的蛋白质、氨基酸等营养物质。松露对生长环境的要求极其苛刻，且无法人工培育，产量稀少，导致了它的珍稀昂贵。欧洲人将松露与鱼子酱、鹅肝并称为“世界三大珍肴”。

【课外古诗词诵读】

将进酒[1]

李　白

君不见[2]黄河之水天上来[3]，奔流到海不复回。
君不见高堂[4]明镜悲白发，朝如青丝暮成雪。
人生得意[5]须尽欢[6]，莫使金樽空对月。
天生我材必有用，千金散尽还复来。
烹羊宰牛且为乐[7]，会须一饮三百杯。
岑夫子[8]，丹丘生[9]，将进酒，杯莫停。
与君歌一曲，请君为我倾耳听[10]。
钟鼓[11]馔玉[12]不足贵，但愿长醉不复醒。
古来圣贤皆寂寞，惟有饮者留其名。
陈王[13]昔时宴平乐，斗酒十千恣[14]欢谑[15]。
主人何为言少钱，径须[16]沽[17]取对君酌。
五花马[18]、千金裘[19]，呼儿将出[20]换美酒，与尔同销[21]万古愁[22]。

【注释】

①将进酒：唐代以前乐府歌曲的一个题目，内容大多咏唱饮酒放歌之事。将，愿，请。
②君不见：你没有看见吗？乐府体诗中提唱的常用语。君，你，此为泛指。
③天上来：黄河发源于青海玉树地区，因那里地势极高，有如天上。
④高堂：在高堂上。本文取父母义。
⑤得意：适意高兴的时候。
⑥尽欢：纵情欢乐。
⑦且为乐：姑且作乐。
⑧岑夫子：指岑勋。
⑨丹丘生：元丹丘。
⑩倾耳听：一作“侧耳听”。倾耳，表示注意去听。
⑪钟鼓：富贵人家宴会中奏乐使用的乐器。
⑫馔玉：美好的食物。形容食物如玉一样精美。馔，食物。玉，像玉一般美。
⑬陈王：指陈思王曹植。
⑭恣：放纵，无拘无束。
⑮谑：玩笑。
⑯径须：干脆，只管，尽管。

⑰沽：通“酤”，买或卖，这里指买。
⑱五花马：指名贵的马。一说毛色作五花纹，一说颈上长毛修剪成五瓣。
⑲千金裘：价值千金的皮衣。
⑳将出：拿去。
㉑销：同“消”。
㉒万古愁：无穷无尽的愁闷。

【译文】

你难道看不见那黄河之水从天上奔腾而来，波涛翻滚直奔东海，再也没有回来。

你没见那年迈的父母，对着明镜感叹自己的白发，年轻时的满头青丝如今已是雪白一片。（寓意青春短暂）

（所以）人生得意之时就应当纵情欢乐，不要让这金杯无酒空对明月。

每个人的出生都一定有自己的价值和意义，黄金千两（就算）一挥而尽，它也还是能够再得来。

我们烹羊宰牛姑且作乐，（今天）一次性痛快地饮三百杯也不为多。

岑夫子和丹丘生啊，快喝酒吧，不要停下来。

让我来为你们高歌一曲，请你们为我倾耳细听。

整天吃山珍海味的豪华生活有何珍贵，只希望醉生梦死而不愿清醒。

自古以来圣贤无不是冷落寂寞的，只有那会喝酒的人才能够留传美名。

陈王曹植当年宴设平乐观的事迹你可知道，斗酒万千也豪饮，让宾主尽情欢乐。

主人呀，你为何说我的钱不多？只管买酒来让我们一起痛饮。

那些什么名贵的五花良马，昂贵的千金狐裘，把你的小儿喊出来，都让他拿去换美酒来吧。让我们一起来消除这无穷无尽的万古长愁。

阅读导引

李白，字太白，号青莲居士，唐代伟大的浪漫主义诗人，被后人誉为“诗仙”，与杜甫并称为“李杜”。著有《李太白集》，代表作有《望庐山瀑布》《行路难》《蜀道难》《将进酒》《早发白帝城》等。

《将进酒》是李白“借题发挥”借酒浇愁，抒发自己的愤激情绪。这首诗非常形象地表现了李白桀骜不驯的性格：一方面对自己充满自信，孤高自傲；一方面在政治前途出现波折后，又流露出纵情享乐之情。全诗气势豪迈，感情奔放，语言流畅，具有很强的感染力。

客 至[1]

杜 甫

舍南舍北皆春水，但见群鸥日日来。[2]
花径[3]不曾缘客扫，蓬门[4]今始为君开。
盘飧市远[5]无兼味[6]，樽酒家贫只旧醅[7]。
肯[8]与邻翁相对饮，隔篱呼取[9]尽余杯[10]。

【注释】

①客至：客指崔明府，杜甫在题后自注：“喜崔明府相过”。明府，县令的美称。
②“舍南”二句：意为平时交游很少，只有鸥鸟不嫌弃能与之相亲。舍，家。但见，只见。
③花径：长满花草的小路。
④蓬门：用蓬草编成的门户，以示房子的简陋。
⑤市远：离市集远。
⑥无兼味：谦言菜少。兼味，多种美味佳肴。
⑦樽酒家贫只旧醅：古人好饮新酒，杜甫以家贫无新酒感到歉意。樽，酒器。旧醅，隔年的陈酒。
⑧肯：能否允许，这是向客人征询。
⑨呼取：叫，招呼。
⑩余杯：余下来的酒。

【译文】

草堂的南北涨满了春水，只见鸥群日日结队飞来。
老夫不曾为客扫过花径，今天才为您扫，这柴门不曾为客开过，今天为您打开。
离市太远盘中没好菜肴，家底太薄只有陈酒招待。
若肯邀请隔壁的老翁一同对饮，隔着篱笆唤来喝尽余杯。

阅读导引

杜甫，字子美，自号少陵野老，河南巩县（今河南巩义）人。唐代伟大的现实主义诗人，被后人誉为“诗圣”。代表作有《登高》《春望》《兆征》及“三吏”“三别”。

《客至》是杜甫创作的一首七言律诗，作于成都草堂落成之后。此诗前两句描写居处的景色，清丽疏淡，与山水鸥鸟为伍，显出与世相隔的心境；后六句写有客来访的欣喜以及诚恳待客，呼唤邻翁对饮的场景。全诗流露出诗人诚朴恬淡的情怀和好客的心境，自然浑成，一线相接，把居处景、家常话、故人情等富有情趣的生活场景刻画得细腻逼真，表现出浓郁的生活气息和人情味。

第五单元

匠心调味

单元导读

工匠精神是对自己产品的精雕细琢、精益求精并不断创新创造的精神。烹饪具有手工技术、服务业、商业等特点，需要对自己的产品进行打磨，拥有匠心，才能调出人间至味，调出人生百味。本单元将给大家带来有关职业道德、如何打磨菜品、如何管理餐饮企业的文章。

任务一

【文本阅读】

敬业与乐业

梁启超

我这题目，是把《礼记》[①]里头“敬业乐群”[②]和老子里头“安其居，乐其业”[③]那两句话，断章取义造出来的。我所说的是否与《礼记》《老子》[④]原意相合，不必深求；但我确信“敬业乐业”四个字，是人类生活的不二法门[⑤]。

本题主眼[⑥]，自然是在“敬”字、“乐”字。但必先有业，才有可敬、可乐的主体，理至易明。所以在讲演正文以前，先要说说有业之必要。

孔子说：“饱食终日，无所用心，[⑦]难矣哉！”又说：“群居终日，言不及义，好行小慧，难矣哉！”[⑧]孔子是一位教育大家，他心目中没有什么人不可教诲，独独对于这两种人便摇头叹气说道：“难！难！”可见人生一切毛病都有药可医，惟有无业游民，虽大圣人碰着他，也没有办法。

唐朝有一位名僧百丈禅师[⑨]，他常常用一句格言教训弟子，说道：“一日不做事，一日不吃饭。”他每日除上堂说法之外，还要自己扫地、擦桌子、洗衣服，直到八十岁，日日如此。有一回，他的门生想替他服务，把他本日应做的工悄悄地都做了，这位言行相顾的老禅师，老实不客气，那一天便绝对地不肯吃饭。

我征引儒门、佛门这两段话，不外证明人人都要有正当职业，人人都要不断地劳作。倘若有人问我：“百行什么为先？万恶什么为首？”我便一点不迟疑答道：“百行业为先，万恶懒为首。”没有职业的懒人，简直是社会上的蛀米虫，简直是“掠夺别人勤劳结果”的盗贼。我们对于这种人，是要彻底讨伐，万不能容赦的。有人说，我并不是不想找职业。无奈找不出来。我说，职业难找？原是现代全世界普遍现象。我也承认，这种现象应该如何救济，别是一个问题。今日不必讨论。但与中国现在情形论，找职业的机会，依然比别国多的多；一个经历充满的壮年人，倘若不是安心躲懒，我敢相信他一定能得到相当职业。今日所讲，专为现在有职业及现在正做职业上预备的人——学生——说法，告诉他们对于自己现有的职业应采何种态度。

第一要敬业。敬字为古圣贤教人做人最简易、直捷的法门，可惜被后来有些人说得太精微，倒变了不适实用了。惟有朱子[⑩]解得最好，他说：“主一无适便是敬。”[⑪]用现在的话讲，凡做一件事，便忠于一件事，将全副精力集中到这事上头，一点不旁骛，便是敬。业有什么可敬呢？为什么该敬呢？人类一面为生活而劳动，一面也是为劳动而生活。人类既不是上帝特地制来充当消化面包的机器，自然该各人因自己的地位和才力，认定一件事去做。凡可以名为一件事的，其性质都是可敬。当大总统是一件事，拉黄包车也是一件事。事的名称，从俗人眼里看来，有高下；事的性质，从学理上解剖起来，并没有高下。只要当大总统的人，信得过我可以当大总统才去当，实实在在把总统当作一件正经事来做；拉黄包车的人，信得过我可以拉黄包车才去拉，实实在在把拉车当作一件正经事来做，便是人生合理的生活。这叫做职业的神圣。凡职业没有不是神圣的，所以凡职业没有不是可敬的。惟其如此，所以我们对于各种职业，没有什么分别拣择。总之，人生在世，是要天天劳作的。劳作便是功德，不劳作便是罪恶。至于我该做哪一种劳作呢？全看我的才能何如、境地何如。因自己的才能、境地，做一种劳作做到圆满，便是天地间第一等人。

怎样才能把一种劳作做到圆满呢？惟一的秘诀就是忠实，忠实从心理上发出来的便是敬。《庄子》[⑫]记佝偻[⑬]丈人[⑭]承蜩[⑮]的故事，说道：“虽天地之大，万物之多，而惟吾蜩翼之知。”[⑯]凡做一件事，便把这件事看作我的生命，无论别的什么好处，到底不肯牺牲我现做的事来和他交换。我信得过我当木匠的做成一张好桌子，和你们当政治家的建设成一个共和国家同一价值；我信得过我当挑粪的把马桶收拾得干净，和你们当军人的打胜一支压境的敌军同一价值。大家同是替社会做事，你不必羡慕我，我不必羡慕你。怕的是我这件事做得不妥当，便对不起这一天里头所吃的饭。所以我做这事的时候，丝毫不肯分心到事外。曾文正[⑰]说：“坐这山，望那山，一事无成。”我从前看见一位国学者著的书。比较英法两国国民性质。他说：“到英国人公事房里头，只看见他们埋头执笔做他的事；到法国人公事房里头，只看见他们衔着烟卷像在那里出神。英国人走路，眼注地下，像是用全副精神注在走路上；法国人走路，总是东张西望，像不把走路当一回事。”这些话比较是否确切，姑且不论。但很可以为敬业两个字下注脚。若果如他所说，英国人便是敬，法国人便是不敬。一个人对于自己的职业不敬，从学理方面说，便亵渎职业之神圣；从事实方面说，一定把事情做糟了，结果自己害自己。所以敬业主义，于人生最为必要，又于人生最为有利。庄子说：“用志不分，乃凝于神。”孔子说：“素其位而行，不愿乎其外。”[18]所说的敬业，不外这些道理。

第二要乐业。“做工好苦呀！”这种叹气的声音，无论何人都会常在口边流露出来。但我要问他：“做工苦，难道不做工就不苦吗？”今日大热天气，我在这里喊破喉咙来讲，诸君扯直耳朵来听，有些人看着我们好苦；翻过来，倘若我们去赌钱去吃酒，还不是一样在淘神费力？难道又不苦？须知苦乐全在主观的心，不在客观的事。人生从出胎的那一秒钟起到绝气的那一秒钟止，除了睡觉以外，总不能把四肢、五官都搁起不用。只要一用，不是淘神，便是费力，劳苦总是免不掉的。会打算盘的人，只有从劳苦中找出快乐来。我想天下第一等苦人，莫过于无业游民，终日闲游浪荡，不知把自己的身子和心子摆在哪里才好，他们的日子真难过。第二等苦人，便是厌恶自己本业的人，这件事分明不能不做，却满肚子里不愿意做。不愿意做逃得了吗？到底不能。结果还是皱着眉头，哭丧着脸去做。这不是专门自己替自己开玩笑吗？我老实告诉你一句话：“凡职业都是有趣味的，只要你肯继续做下去，趣味自然会发生。”为什么呢？第一，因为凡一件职业，总有许多层累、曲折，倘能身入其中，看它变化、进展的状态，最为亲切有味。第二，因为每一职业之成就，离不了奋斗；一步一步奋斗前去，从刻苦中将快乐的分量加增。第三，职业性质，常常要和同业的人比较骈进[19]，好像赛球一般，因竞胜而得快乐。第四，专心做一职业时，把许多胡思、妄想杜绝了，省却无限闲烦恼。孔子说：“知之者不如好之者，好之者不如乐之者。”[20]人生能从自己职业中领略出趣味，生活才有价值。孔子自述生平，说道：“其为人也，发愤忘食，乐以忘忧，不知老之将至云尔。”[21]这种生活，真算得人类理想的生活了。

我生平最受用的有两句话：一是“责任心”，二是“趣味”。我自己常常力求这两句话之实现与调和，又常常把这两句话向我的朋友强聒不舍[22]。今天所讲，敬业即是责任心，乐业即是趣味。我深信人类合理的生活应该如此，我望诸君和我一同受用！

【注释】

①《礼记》：《小戴礼记》的简称，汉代戴圣编辑成书，是儒家的重要典籍。

②敬业乐群：对学业专心致志，与同学和恰相处。语出《礼记·学记》。业，原指学业。本文借用为职业。乐，喜爱。群，指一起学习的伙伴。

③安其居，乐其业：指安定愉快地生活和劳动。安，定。乐，喜爱，愉快。业，职业。语出《道德经》。
④《老子》：即《道德经》，相传是春秋时老聃所作，是道家的重要典籍。
⑤不二法门：佛家语，这里指唯一的途径。
⑥主眼：主要的着眼点，即重点。
⑦“饱食”二句：意思是整天吃得饱饱的，什么事也不干，什么事也不思考。语出《论语·阳货》。
⑧“群居”四句：一群人整天聚在一起，从不说正经的话，又喜欢卖弄小聪明，这种人实在是很难教化呀。义，正确的事。语出《论语·卫灵公》。
⑨百丈禅师：唐代僧人怀海，因居于江西百丈山，人们便称他为百丈禅师。禅师是对和尚的尊称。
⑩朱子：朱熹，字元晦，南宋著名理学家。后世尊称他为朱子或朱文公。
⑪主一无适便是敬：专心于一件事，不分散精神到其他事情上，便是敬的表现。语出朱熹《论语集注》。主，专注。适，往。
⑫《庄子》：战国时期庄周及其后学所作，道家重要典籍。
⑬佝偻：驼背。
⑭丈人：古代对老年男子的尊称。
⑮承蜩：在竹竿顶端装上胶状物把蝉黏住。蜩，即蝉。
⑯“虽天地”三句：虽然天地很大，万物品类很多，而（但）我一心只注意蝉的翅膀。
⑰曾文正：即曾国藩，清末重臣。
⑱“素其位”二句：君子安于所处的地位去做自己该做的事，而不愿超越自己的本分。
⑲骈进：两马并列，齐步前进。
⑳“知之者”二句：知道道理的人比不上爱好道理的人，爱好道理的人又比不上乐于实行道理的人。语出《论语·述而》。
㉑“其为人”四句：他这个人发奋起来忘记了吃饭，快乐得忘记了忧愁，不知道快要变老了。语出《论语·述而》。
㉒强聒不舍：形容别人不愿意听，还絮絮叨叨说个没完。聒，絮絮地说个不停。

阅读导引

梁启超，字卓如，号任公，又号饮冰室主人，广东新会人，康有为的弟子。清光绪二十四年（1898 年），康有为、梁启超主持维新变法，史称“戊戌变法”。后因慈禧发动政变，历时 103 天的变法宣告失败。梁启超逃亡日本。他在日本主办《新民业报》《清议报》等，批评清朝弊政，并介绍欧美的自然科学和社会政治学说，对当时的社会影响很大。民国以后，他曾任司法总长和财政总长。1920 年后，他专注于著述和讲学。

文学与生活

这是梁启超的一篇演讲稿，演讲的对象是“现在有职业的人”及“正在做职业上准备的人——学生”，主要意思是让人们敬业、乐业。

全文用总分总的结构，开篇讲题目出处并亮明观点：“敬业乐业”四个字是人类生活的不二法门。接着从“有业之必要”“要敬业”“要乐业”三个方面层层深入展开论述，最后总结全文，提出希望。

为了让人们接受其所讲的道理，作者摆事实讲道理，以理服人。如讲“有业之必要”，作者引用孔子的话说明大圣人对无业游民没有办法，此从反面举例；接着举百丈禅师“一日不做事一日不吃饭”的事例，此从正面举例；最后表明自己的态度：人人都要有正当职业，人人都要不断地劳作。

问题指南

思考

想一想，作者的主要观点是什么？结合课文内容说说作者是怎样“以理服人”的？

踏入烹饪专业的你，对敬业有什么样的思考？

想一下“乐业”的表现是什么？

评价

阅读了梁启超的这段文字，对我们有怎样的启发？对今天的职场有什么意义？

扩展

梁启超是文学大家，学养深厚，旁征博引，经典名句信手拈来，显示出浓浓的书卷气。本文为了让听众听得明白，对引用的典籍进行通俗化的解释，这样拉近了与听众的距离。试着在班上发表一篇关于烹饪敬业乐业的演讲，让大家参与烹饪爱岗敬业的讨论。

文学寻味

这篇演讲稿其实是一篇议论文。议论文有三要素：论点、论据、论证。那么，读完这篇讲演稿之后，你认为作者对学生们所讲的论点是什么？

对于我们学生来说，现在要做的就是：第一，努力置身于学习中；第二，认准目标为之奋斗，在刻苦奋斗中增加快乐的分量；第三，要学会参与竞争，在竞争中获得快乐；第四，专心致志，杜绝一切私心杂念。孔子说的“知之者不如好之者，好之者不如乐之者”就是针对学习的。敬与乐是走向美好生活的途径，只有这样，我们的生活才能闪光！

【语文实践活动】

// 寻身边名厨 //

活动设计

优秀的厨师是我们提高烹饪技能学习的榜样。“行厨如行医，菜品如人品”，中国烹饪历史悠久，经历朝代更替，没有影响到烹调技术和文化的发展，名厨和名人功不可没。设计安排学生去寻找和访谈身边技术精湛娴熟、道德品质优秀的厨师，走近他们，将他们的优秀事例记录下来，学习观摩他们的精湛技艺，领略他们的风采。

活动目标

激发学生的学习热情，更加热爱厨师这个行业，树立大国工匠精神，不断创新，追求卓越。

活动准备

1. 班级学生按 5 ~ 8 人分一组，每组到身边的酒店或餐馆的厨房去寻找名厨，并与其交流。
2. 教师做好与餐饮企业的对接准备工作。
3. 进行交流问卷的准备工作。

名厨小档案

姓名：　　性别：　　出生年份：　　民族：　　籍贯：
现工作单位：
方向（面点方向或热菜方向）：
经历：
荣誉：
其他（作品或书籍）：
代表菜品（有文有图）：

活动步骤

1. 各组将收集的资料（图片或文字）进行整理归档（详见后面的示例）。

2. 各组派代表上台介绍德艺双修的厨师的事迹，材料有视频，有文字，有讲解。

3. 讨论：名厨除了拥有高超的技艺，还需要具备哪些条件？请学生分析比较这些名厨身上的优点，制订出名厨标准。

4. 请厨师朋友现身说法，或请已毕业的优秀毕业生代表展示。

活动评价

本次活动要求学生对接厨房人员，学会交流和记录相关问题，学会对话。对于平时表达不好的学生来说是个考验，需要更多的鼓励；作为教师，应当提前做好准备工作，让学生大胆表现自己，鼓励怯场的学生。邀请在行业上表现优秀的毕业生代表现身说法，给予学生最直接的灵魂冲击。

活动反思

寻找身边的厨师，必须要找到坚守厨房的，德艺并进的厨师，才能给学生树立标杆榜样作用。所以活动前的对接准备工作必不可少，而且必须做实做到位。

示例：

名厨小档案

姓名：熊学军　　性别：男　　出生年份：1978 年　　民族：汉

籍贯：贵州铜仁

现工作单位：异香饭店

方向（面点方向或热菜方向）：热菜

经历：1994 年，南下广州打工，从杂工学徒成长为厨师。

2000 年，贵阳金桥饭店厨师学校毕业，先后在广州、中山、厦门等地从事厨师和管理工作。

2004 年，创办印江异香饭店，自创“异香吊锅牛肉”。

2009 年，异香饭店铜仁店开业。

2017 年，异香饭店贵阳店开业。

荣誉：黔菜传承人，黔菜之星，中国黔菜文化传播者。
“联合利华饮食策划杯”第八届全国烹饪技能竞赛（贵州赛区）获热菜一等奖。
其他（作品或书籍）：《贵州名厨：经典黔菜》编委、《贵州名菜》编委、《四川烹饪》杂志发表文章数篇。
代表菜品（有文有图）：异香牛嘎嘎、异香全牛宴。

【拓展阅读】

社会没有义务等待你成长和成熟

——在北京大学法学院2003届本科生毕业典礼上的致辞

朱苏力

老师们，同学们：

你们好！在这次欢庆你们毕业，欢送一些同学离开校园的场合，我说两句话，作为你们大学生活的结语。

第一句更多是说给马上要走向工作岗位的同学的，一句大实话：社会和学校很不一样。

在校园里，个人努力也起作用，但作用更大的其实是天分。老师不要求你们的物质回报，只要你考试成绩好，人格上没有大毛病，基本上就会获得老师的欢心，就会获得以分数表现的奖励。在这个意义上，大学基本是一个“贤人政治”或“精英政治”的环境，更像家庭，评价体系基本由老师来定，以一种中央集权的方式，奖励的是你的智力。社会则很不同。

社会更多是一个世俗利益交换的场所，是一个市场，是“平民政治”；评价的主要不是你的智力优越（尽管你的聪明和智慧仍然可以帮助你），而是你能否拿出什么别人想要的东西；这个标准不再由中心——老师——确定，而是分散——由众多消费者——确定的。因此，尽管定价178元，不到10天，3000册英文版《哈利波特与凤凰令》在北京新华书店已经脱销，而许多学者的著作一辈子也卖不了这么多，甚至只能“养在深闺人未识”；也因此，才有了“傻子瓜子”年广九，才有了“搞导弹的不如卖茶叶蛋的”，才有了IT产业中的退学生现象。（大家还记得甲骨文公司首席执行官埃里森2000年在耶鲁大学毕业典礼上的讲话吗？）这种“脑体倒挂”，不完美，但也恰恰表明了市场的标准，人类的局限——你甭指望通过教育或其他，把消费者都变成钱钟书或纳什[①]。因此，我们的同学千万不要把自己16年来习惯了的校园标准原封不动地带进社会，否则你就会发现“楚材晋不用”，只能像李白那样用“天生我材必有用”来安慰自己，更极端地，甚至成为一个与社会、与市场格格不入的人。

尽管社会和市场的手是看不见的，但它讲的却都是看得见摸得着的；它不讲期货，讲也都是将之转为现货。你可以批评它短视，但它通常还是不会，而且没有义务，等待你成长和成熟。它把每个进入社会的人都当作平等的，不考虑你刚毕业，没有经验。如果你失去了一次机会，你就失去了；不像在学校，会让你补考，或者到老师那里求个情，改个分数。“北大学生有潜力、有后劲”；别人这样说行，你们自己则千万不要说，也不要相信。这种说法不是安慰剂，在某种程度上，实际上就是说你不行，至少现在不行。如果你有什么素质，有什么潜力，有什么后劲，你就得给我拿出来，你就得给我变成实打实的东西——也许是一份合同起草，也许是一次成功诉讼。

这一点对于文科毕业生尤其重要。理工科的学生几乎是从一入学就很务实，就是一次次实验，一道道习题，就是一个毕业设计，没有什么幻想；他们几乎没有谁幻想自己成为牛顿、达尔文或爱因斯坦，就是成名了，也是他或她自己。而文科学生，大学4年，往往是同历史上最激动人心的一些事件和人物交往，在同古今中外的大师会谈；你们知道了苏格拉底审判，知道了马伯利诉麦迪逊，知道了“大宪章”等等，你们还可以评点孔、孟、老、庄，议论柏拉图、亚里士多德，甚至“舍我其谁也”。大学的文科教育往往会令许多人从骨子里更喜欢那种激动人心的时刻和时代，甚至使人膨胀起来。但这不是，而且也不可能是绝大多数人的生活，而只是学院中想象的生活。我们每个人都只能生活在日常的琐细之中。

因此，第二句话，要安分守己，这是对每个同学说的。这句话对于我们这个时代也许过时了，但对你们，可能还不过时。因为我从来也不担心北大的毕业生会没有理想以及是否远大，而更多担心你们能否从容坦然面对平凡的生活，特别是当年轻时的理想变得日益遥远、模糊和黯淡[②]起来的时候；还因为，我要说，几乎——如果还不是全部的话——每一个雄心勃勃的人都注定不可能完全实现他的理想。我当然希望而且相信，你们当中能涌现杰出的政治家、企业家、法律家、学问家，但只可能是少数——多了就挤不下了，多了也就不那么值钱了——边际效用总是递减的。无论在世俗的眼光还是在自我评价中，绝大多数人都必定是不那么成功的。但是，我们要知道，成功并不必定同幸福相联系，所谓的不成功也未必等于不幸福。因此，在你们离开校园之际，你们不仅要树立自己的雄心，更必须界定自己的成功。

让我告诉你们一个人吧，一个也许当年把你们当中的谁招进北大的人，一个本来会且应当出现在这一场合却再也不可能的人。这个人当年曾以全班第一名毕业于这个法学院，毕业留校后，长期做学生工作、党团工作、行政工作；在北大这样一个学者成堆的地方，他的工作注定了他只能是配角，而且还永远不可能令所有的人满意，乃至有人怀疑他当年留校做行政工作是不是因为他的学习成绩不行。但他安分：勤勤恳恳地在这个平凡的岗位为我们和你们服务；他守己：恪守着他学生时代起对于生活和理想的追求——一直到他外出招生不幸殉职。他不是学者，更谈不上著名；他没有留下学术著作，留下的，在他的笔记本电脑中，是诸多的报告和决定，有关招生，有关法学院大楼，有关保送研究生以及处分考试作弊的学生；他每年都出现在“十佳教师”的晚会上，但不是在台上接过鲜花，而是在台下安排布置；他没有车子、房子，更不如他的许多同学有钱。但是，当他离去之际，他的同事、同学和学生都很悲痛，包括那些受过他批评的学生。是的，他没有成为一个被纪念的人，甚至不是一位会被许多人长久记住的人，但是，他是一位令他的同事和同学们怀念的人。这难道不是一种令人羡慕的成功？尽管有点惨烈和令人心痛！

我们的事业，中国的事业，其实靠的更多是许许多多这样的人。

安分守己并不是一个贬义词，甚至不是一个中性词；“安分”是不容易的，在这个时代，“守己”则更不容易！

【注释】

①纳什：加拿大篮球运动员。

②黯淡：阴沉，昏暗。比喻没有希望，不美好。

阅读导引

朱苏力，北京大学法学院教授，博士生导师。2001—2010年任北京大学法学院院长。可以与顶级摄影大咖，旅行达人，热爱美食、生活、萌宠等有相同频率的朋友互动交流。

本文属于演讲稿，作为对学生毕业前夕的讲话，尤其是对北京大学法学院学生的这种讲话，其实质就是“临别赠言”。作为院长兼师长的人，应该讲什么？这是颇费思量的。朱苏力教授在学生毕业前送了他们两句话：“社会和学校很不一样。”“要安分守己。”面对这两句话，你有哪些疑问？社会和学校到底有哪些不同？安分守己是什么意思？作者为什么不鼓励大家，而是语重心长地告诫大家呢？两句大实话，或许打破了你对社会的幻想，惊扰了你不切实际的未来之梦。但是，当你真正参悟了作者的两句大实话，你就会发现：从幻想和美梦中走出来，并不等于轻言放弃；安分守己并不等于失去追求；正确界定幸福与成功，更能坦然面对失败与痛苦；未雨绸缪，只为将来能顶天立地，承受社会之重。

作为北大法学院院长，在自己的学生即将步入社会之前作此致辞，你能理解他的良苦用心吗？对于朝气蓬勃、怀揣理想的大学生来说，刚入社会，初生牛犊不怕虎，作为师长，应该鼓励其大胆地闯，大胆地试，因为“年轻没有什么不可以”。为什么现在老师反而要他们“安分守己”呢？这是否是太保守、太胆小呢？作者说的安分守己，并非让人不思进取，放弃追求；是提醒学生在为理想而奋斗时，不仅要有对成功的渴望，更要有失败的心理准备；要克服年轻人特有的浮躁和自傲，正确地界定自己的成功和幸福。那么，作为烹饪专业的学生，我们将来要成为复合型的技能人才、大国工匠，怎样才能做到安分守己呢？

任务二

【文本阅读】

无鸡不成宴

清代人袁枚在《随园食单》曾提到："鸡功最巨，诸菜赖之，故令羽族之首，而以他禽附之。"

粤菜乃中国八大菜系之一，而几乎所有经营粤菜的餐馆，食单之上必有对鸡的料理。白切鸡是粤菜鸡肴中最普通的一种，属浸鸡类，以其制作简易、刚熟不烂，不加配料且保持原味为特点。时至今日，真正还保留传统清水浸鸡、只取其原味的，在广州也就剩长寿路的同记了。

小巷街头，碎花瓷砖地，崩口碗，无不体现着街坊情。白切鸡已无需多费笔墨盛赞，好不好几十年下来的口碑已有定论。店家贩卖的每只鸡，都是拿回来后喂食菜叶粮食，把鸡养得足够肥壮才能宰杀，皆因我们时常说的鸡有鸡味，那"鸡味"何来？就是来源于鸡的脂肪！

这里配的蘸料有怀旧的黄芥末[①]，更能突出鸡味本身，但口味不是人人能接受，更易接受的仍是姜葱豉油。

传统的白切鸡虽好，但过分依赖鸡质本身，变得难以复制。现在最普遍的白切鸡，却是脱胎于当年的"清平鸡"。

1981 年初，清平饭店厨师王源师傅，考虑到白切鸡皮爽肉滑、隔水蒸鸡味透骨髓的特色，便把两者结合起来。他用多种药材、香料研制出一种特制的白卤水，代替清汤浸鸡；用陈年鸡汤代替冷水浸鸡，让鸡肉在过冷河时不断吸收原鸡汤，以保持鸡的鲜味和原味。经过反复研制，终于试制出一道皮爽肉滑，连鸡骨都有味的名菜，这就是今天为人们众口称赞的"清平鸡"。说白了，这也就是以后天弥补先天的做法。由此事也可知，传统粤菜其实并不排斥创新，同样支持旧菜改良，但关键在于要是真的改"良"才行。

豉油鸡是比较出名的广东家常菜，其用料简单、做法简单，味道却特别好，做出来的鸡肉特别嫩滑可口，因此备受大家的喜欢。即使在家中，这道菜也可以轻松做出。想要味道更好的话，最好选用整只鸡来做，那样鸡的口感会更爽滑。据说，比较传统的豉油鸡的做法是在浸鸡时，于鸡尾部插进一根小竹筒，目的就是让卤水在鸡的腹腔内循环，从而使鸡的每个部位都能均匀入味，也使鸡肉的口感更加嫩滑香浓。豉油鸡被切开后，酱香味浓郁，肉质嫩滑，风味独特！

广州人嗜鸡如命，可谓全世界最爱吃鸡，也最懂吃鸡的人。在广州，做鸡的方法也是五花八门，白切鸡、豉油鸡说的是传统，但也不妨碍将其他地域的风味糅合进鸡的烹调之中。

【注释】

①黄芥末：是由成熟的芥菜种子碾磨成的粉状调料，一般呈黄色。

阅读导引

作者为《信息时报》美食专栏撰稿人，知名自媒体人，摄影达人，网名“黑色污染”。他用相机和文字记录味蕾的感动。

本文写了鸡在广东人的餐桌上的重要性，写了白切鸡和豉油鸡的详细做法。作者说到白切鸡时，有所感悟，认为粤菜也需要不断地创新，才能立于世界之巅。

文学与生活

广东人是出了名的爱吃，但要说起广东人日常最爱吃一种肉食，那肯定就是鸡肉了，所以当地的鸡肉美食也非常多，做鸡的方法五花八门，一只鸡能做出千百种吃法。

问题指南

思考

鸡的吃法有很多，每个人都可以有自己的选择和爱好。广东人吃鸡最简单也最崇高的追求是什么？

评价

为什么白切鸡在广东会成为主流的烹饪方式之一？

扩展

在广东，鸡在家禽界绝对是王者的段位，不仅体现在餐桌上，也体现在日常的粤语文化交流中。比如，有种错过叫“走鸡”，有种点心叫“糯米鸡”，有种环境叫“静鸡鸡”等。你还能举出这样的例子吗？

文学寻味

网络上有一句很火的话——没有一只鸡能活着离开广东。请寻找除了白切鸡、豉油鸡外，广东人还有什么关于鸡的菜肴。

【语文实践活动】

// 宴席巧设计 //

活动设计

宴席是人们聚餐的场所，也是人们进行社交活动的重要方式，是中国饮食文化中重要的一环。因此，宴席设计是学习烹饪的学生必须具备的知识技能。

活动目标

通过宴席设计，了解宴席的构成、流程、规格和设计内容。

活动准备

1. 班级学生可分组，并按当地有名的酒店或餐厅来命名“××× 餐厅餐饮部”“××× 宴席设计处”等。

2. 各组交叉对其他组宴席设计提出要求，如甲要求乙设计婚宴，乙要求丙设计寿宴等。提前预订相应宴席。

3. 接到设计任务的组进行菜单编制、场景设计、礼仪接待设计等准备。

4. 准备相关图片，制作成 PPT 进行展示。

活动步骤

1. 每组选出一个代表进行本组宴席设计说明。

2. 针对所要求的宴席进行问题的评点、调整。

3. 最后找出最佳设计者。

活动评价

活动中要求甲、乙、丙或 A、B、C 等互相选择对方设计的宴席进行评价（是否满意或接受，满意或接受视为成功设计）。

活动反思

对活动过程进行反思。点评学生的准备情况，查找和分析其中存在的问题。

【拓展阅读】

天堂与地狱比邻

约翰·戴维森·洛克菲勒

亲爱的约翰：

有一则寓言很有意味，也让我感触良多。那则寓言说：

在古老的欧洲，有一个人在他死的时候，发现自己来到一个美妙而又能享受一切的地方。他刚踏进那片乐土，就有个看似侍者模样的人走过来问他："先生，您有什么需要吗？在这里您可以拥有一切您想要的：所有美味佳肴，所有可能的娱乐以及各式各样的消遣，其中不乏妙龄美女，都可以让您尽情享用。"

这个人听了以后，感到有些惊奇，但非常高兴，他暗自窃喜：这不正是我在人世间的梦想嘛！一整天他都在品尝所有的佳肴美食，同时尽享美色的滋味。然而，有一天，他却对这一切感到索然无味[①]了，于是他就对侍者说："我对这一切感到很厌烦，我需要做一些事情。你可以给我找一份工作做吗？"

他没想到，他所得到的回答却是摇头："很抱歉，我的先生，这是我们这里惟一不能为您做的。这里没有工作可以给您。"

这个人非常沮丧，愤怒地挥动着手说："这真是太糟糕了！那我干脆就留在地狱好了！"

"您以为，您在什么地方呢？"那位侍者温和地说。

约翰，这则很富幽默感的寓言，似乎告诉我：失去工作就等于失去快乐。但是令人遗憾的是，有些人却要在失业之后，才能体会到这一点，这真不幸！

我可以很自豪地说，我从未尝过失业的滋味，这并非我运气，而在于我从不把工作视为毫无乐趣的苦役，却能从工作中找到无限的快乐。

我认为，工作是一项特权，它带来比维持生活更多的事物。工作是所有生意的基础，所有繁荣的来源，也是天才的塑造者。工作使年轻人奋发有为，比他的父母做得更多，不管他们多么有钱。工作以最卑微的储蓄表示出来，并奠定幸福的基础。工作是增添生命味道的食盐。但人们必须先爱它，工作才能给予最大的恩惠、获致最大的结果。

我初进商界时，时常听说，一个人想爬到高峰需要很多牺牲。然而，岁月流逝，我开始了解到很多正爬向高峰的人，并不是在"付出代价"。他们努力工作是因为他们真正地喜爱工作。任何行业中往上爬的人都是完全投入正在做的事情，且专心致志。衷心喜爱从事的工作，自然也就成功了。

热爱工作是一种信念。怀着这个信念，我们能把绝望的大山凿成一块希望的磐石[②]。一位伟大的画家说得好，"痛苦终将过去，但是美丽永存"。

但有些人显然不够聪明，他们有野心，却对工作过分挑剔[③]，一直在寻找"完美的"雇主或工作。事实是，雇主需要准时工作、诚实而努力的雇员，他只将加薪与升迁机会留给那些格外努力、格外忠心、格外热心、花更多的时间做事的雇员，因为他在经营生意，而不是在做慈善事业，他需要的是那些更有价值的人。

不管一个人的野心有多么大，他至少要先起步，才能到达高峰。一旦起步，继续前进就不太困难了。工作越是困难或不愉快，越要立刻去做。如果他等的时间越久，就变得越困难、可怕，这有点像打枪一样，你瞄的时间越长，射击的机会就越渺茫。

我永远也忘不了做我第一份工作——簿记员④的经历，那时我虽然每天天刚蒙蒙亮就得去上班，而办公室里点着的鲸油灯又很昏暗，但那份工作从未让我感到枯燥乏味，反而很令我着迷和喜悦，连办公室里的一切繁文缛节⑤都不能让我对它失去热心。而结果是雇主不断地为我加薪。

收入只是你工作的副产品，做好你该做的事，出色完成你该完成的工作，理想的薪金必然会来。而更为重要的是，我们劳苦的最高报酬，不在于我们所获得的，而在于我们会因此成为什么。那些头脑活跃的人拼命劳作决不是只为了赚钱，使他们工作热情得以持续下去的东西要比只知敛财的欲望更为高尚——他们是在从事一项迷人的事业。

老实说我是一个野心家，从小我就想成为巨富。对我来说，我受雇的休伊特－塔特尔公司是一个锻炼我的能力、让我一试身手的好地方。它代理各种商品销售，拥有一座铁矿，还经营着两项让它赖以生存⑥的技术，那就是给美国经济带来革命性变化的铁路与电报。它把我带进了妙趣横生、广阔绚烂的商业世界，让我学会了尊重数字与事实，让我看到了运输业的威力，更培养了我作为商人应具备的能力与素养。所有的这些都在我以后的经商中发挥了极大效能。我可以说，没有在休伊特－塔特尔公司的历练，在事业上我或许要走很多弯路。

现在，每当想起休伊特和塔特尔两位先生时，我的内心就不禁涌起感恩之情，那段工作生涯是我一生奋斗的开端，为我打下了奋起的基础，我永远对那三年半的经历感激不尽。

所以，我从未像有些人那样抱怨他的雇主，说："我们只不过是奴隶，我们被雇主压在尘土上，他们却高高在上，在他们美丽的别墅里享乐；他们的保险柜里装满了黄金，他们所拥有的每一块钱，都是压榨我们这些诚实的工人得来的。"我不知道这些抱怨的人是否想过：是谁给了你就业的机会？是谁给了你建设家庭的可能？是谁让你得到了发展自己的可能？如果你已经意识到了别人对你的压榨，那你为什么不结束压榨，一走了之？

工作是一种态度，它决定了我们快乐与否。同样都是石匠，同样在雕塑石像，如果你问他们："你在这做什么？"他们中的一个人可能就会说："你看到了嘛，我正在凿石头，凿完这块我就可以回家了。"这种人永远视工作为惩罚，在他嘴里最常吐出的一个字就是"累"。

另一个人可能会说："你看到了嘛，我正在做雕像。这是一份很辛苦的工作，但是酬劳很高。毕竟我有太太和四个孩子，他们需要温饱。"这种人永远视工作为负担，在他嘴里经常吐出来的一句话就是“养家糊口”。

第三个人可能会放下锤子，骄傲地指着石雕说：“你看到了嘛，我正在做一件艺术品。”这种人永远以工作为荣，工作为乐，在他嘴里最常吐出的一句话是“这个工作很有意义”。

天堂与地狱都由自己建造。如果你赋予工作意义，不论工作大小，你都会感到快乐，自我设定的成绩不论高低，都会使人对工作产生乐趣。如果你不喜欢做的话，任何简单的事都会变得困难、无趣，当你叫喊着这个工作很累人时，即使你不卖力气，你也会感到精疲力竭，反之就大不相同。事情就是这样。

约翰，如果你视工作为一种乐趣，人生就是天堂；如果你视工作为一种义务，人生就是地狱。检视一下你的工作态度，那会让我们都感觉愉快。

爱你的父亲

1897 年 11 月 9 日

【注释】

①索然无味：形容呆板枯燥，一点意味或者趣味都没有，使人失去兴趣。

②磐石：厚而大的石头，坚如磐石。

③挑剔：在细节上过分苛刻指责；过分严格在细节上挑选；拨弄剔除，也指挑动；指点阐明；鸡蛋里头挑骨头。

④簿记员：为一个企业保存财务记录的人，传统上以分类账或日记账的形式存在，有时通俗地称之为“账簿”。

⑤繁文缛节：比喻过分烦琐的仪式或礼节，也比喻其他烦琐多余的事项。

⑥赖以生存：依赖着一个物品、东西生活、生存。

阅读导引

约翰·戴维森·洛克菲勒，美国实业家，美孚石油公司（标准石油）创办人，被人们称为“石油大王”。

《天堂与地狱比邻》是洛克菲勒写给儿子的一封信，信中深刻理解作者“人生的天堂或地狱其实就掌握在自己的手里”的内在含义。学习用寓言、举例、自己亲身的经历和感受来阐述观点的写作方法。把握作者获得职业成功的关键要素，用以指导自己未来的职业生活。

洛克菲勒是怎样创造这样的奇迹的呢？洛克菲勒写这封信的良苦用心是什么？单从这封信本身看，你认为洛克菲勒的儿子能理解父亲的用心吗？为什么？

洛克菲勒是怎样对待自己的第一份工作的？从中他获得了哪些收获？这对我们未来的职业生活都有哪些启迪？作为烹饪专业的学生，将来的你会成为一个复合型的技术技能人才，你如何去对待你的第一份工作？

任务三

【文本阅读】

舂菜[1]

在云南的少数民族之中，有许多美食是共同的、相通的，最具有代表性的就是云南的舂菜。景颇族、傣族、汉族等滇南一带都有吃舂菜的传统，景颇族甚至有“舂筒不响、吃饭不香”的谚语，说明了这道菜品的受欢迎程度。舂菜的历史已经有上千年，它是滇南少数民族十分家常的美食，与每一个家庭都密不可分。

舂菜，就是把各种食物放人石臼[2]或木臼里，用各种调味料和药用香料舂制成入味可口的菜肴。舂菜一般都不含油分，吃着清爽、爽口，特别适合热带、亚热带的气候，刺激无比、开胃爽口，特别下饭，十分受欢迎。

云南的舂菜有着多种多样的做法，选择食材则是非常广泛：荤素皆用，吃法多样。荤菜类大多有牛肉、鸡肉、鸟肉等，还有野鸟里的斑鸠、田里的鳝鱼、沟里的泥鳅等，都会被拿来做舂菜；还有就是蔬菜类、果子类也是舂菜的好食材：竹笋、黄瓜、洋芋、折耳根、大苦子果、小苦子果、蚕豆、豇豆、岩姜、生姜、马皮泡、奶浆菌等，都拿来舂了吃！

此菜作为古滇烹饪手法，返璞归真[3]，不用刀具、铁器，以云南手工菜肴，继承了云南景颇族、傣族、彝族、哈尼族等山地民族的饮食传统，让云南传统菜肴既好吃，更好看。

通过传统的竹筒舂的方法制作烹调出的菜，古朴自然，味道爽口，原色原汁原味，令人常食不厌，堪称为当今毫无污染的纯天然绿色食品。因它将各种食物舂细而食，浑为一体，便于消化，故又称为“敬老菜”。

舂菜的食材配料选自云南各地的原材料。舂菜的原材料选择是十分重要的，好吃的舂菜，一定要选文山香椿籽 5 克、寻甸手撕牛干巴 150 克、富民去骨泥鳅 300 克、云南红皮熟花生末 10 克、禄劝鱼腥草 150 克、昆明新鲜豇豆 150 克、文山邱北的红小米辣 20 克、西双版纳的香柳和缅芫荽各 3 克。

当然，有些更好的食材也可以使用，如用香格里拉的牦牛肉代替寻甸手撕牛干巴，吃起来会更香。

第一步：舂干巴。采用古滇烹饪手法，使用木头材料的木臼，用木头的圆锤，将香椿籽、手撕牛干巴加盐、糊辣子，反复舂细，人味。

第二步：原味舂豇豆。将豇豆在开水里氽熟，加入少许红小米辣、盐、味精，用擂臼舂细。

第三步：香舂泥鳅。把泥鳅用油炸酥，加入少许红小米辣、盐、味精、香柳、缅芫荽，用擂臼舂细。

第四步：花生舂鱼腥草。将鱼腥草加入花生末、盐，用擂臼舂细。

特别需要说明的是，这道美食必须以原始的纯手工方法制作，不可使用现代化的小钢磨、粉碎机等，否则味道会很差。将四种舂菜用竹筒倒扣在器皿中，造型之后上桌即可。

一道好的舂菜，原材料都要舂细、舂碎，把原味激出；要保持色泽的漂亮；造型要成为四立柱，四根柱子的距离要一样。

这是一道立体菜肴，造型独特、色彩艳丽、口感丰富、荤素搭配，一菜四吃，点一道菜肴，吃了四种美食，十分超值。一道菜肴里包含了牛干巴、泥鳅、豇豆、鱼腥草四种主料和十多种辅料，一道菜融合了云南各地的风味，突出了云南原材料的本味和四种不同味型的特殊性。

此菜把鱼腥草、青皮豇豆等药用食物和各种丰富的香料、调料及经烧烤后的干巴、泥鳅等放在竹筒里用木棰舂制，制成四种不同的风味美食，好看、好吃、健康，还能疏风除热、消食健胃。

【注释】

①舂菜：云南地区某些少数民族喜爱的传统风味美食。舂，把东西放在石臼或乳钵里捣掉皮壳或捣碎。

②臼：象形字，像人生长到六个月时开始长乳牙的口腔，也像加工粮食使用的石臼。

③返璞归真：去掉外饰，还其本质。比喻回复原来的自然状态。

阅读导引

作者为《都市时报》美食记者，吃喝玩乐全媒体推广专家，搜狐新闻客户端吃货自媒体联盟云南召集人，2013 年度搜狐最佳地域美食自媒体人。

舂菜是一道云南特色菜，是纯天然的、绿色的，是保持了食材的原汁原味的美味。菜肴的特色与当地的气候和人们的饮食习惯息息相关。菜肴的淳朴无一不彰显着云南等山地民族的民风淳厚。

文学与生活

通过传统的竹筒舂的方法制作烹调出的菜，古朴自然，味道爽口，原色原汁原味，令人常食不厌，堪称毫无污染的纯天然绿色食品。

问题指南

思考

为什么当地人要把这种菜称为“敬老菜”？请说说理由。

评价

请从营养学的角度评价这道民族菜。

扩展

借助资料和网络查找云南的饮食民俗。

文学寻味

找寻你身边的富有特色的家乡菜肴。

【语文实践活动】

// 我来说食俗 //

活动设计

热爱家乡是每个人心里的情怀。“五里不同风，十里不同俗”，各地都有不同的饮食风俗，通过设计，让学生参与对家乡食俗的总结和介绍。

活动目标

让学生更热爱自己的家乡，更好地发掘出家乡好的食俗食风。研究了食俗，才能更好地发展烹饪技艺，成为一名多能厨师，提高服务接待水平，科学地指导与调节人们的膳食结构，使饮食逐步达到民族化、地域化、季节化与科学化的新高度。

活动准备

1. 班级学生按不同地域归属组合，并努力回忆和收集本地域、本家乡的食风食俗及民俗故事。
2. 对所收集的材料进行整理，做好交流准备。
3. 可提前制作成 PPT。

活动步骤

1. 各组用 3 ~ 8 分钟展示自己家乡的食俗风貌。
2. 其他组员进行补充说明。

活动评价

对学生本次活动的表现进行评价，让学生归纳出相似或相近的食俗，共同分析其成因。

活动反思

对活动过程进行反思，点评学生的准备情况，查找和分析其中存在的问题。

【拓展阅读】

妈妈的自制卤菜

卤菜的配制，主要是来自卤药[1]。由近期汪涵代言的某方便面也出现了卤味方便面就可以看出，全国人民对卤制品的喜爱程度有增无减。

老一辈的湖南人，几乎家家都有调配卤菜的技能。一口锅，一个卤药包，一堆待卤的荤菜素菜，想起来就让人垂涎。虽然颜色和样子欠佳，味道确实是极好的。自制家庭卤菜的上色，主要是以酱油为主，有心思的人，还会在卤菜中加入红曲[2]。

询问家里人卤菜制作方法的时候，老人特意交代，做卤菜需要用蜂窝煤的火慢慢熬制汤汁，再下菜。如今煤炉火少了，蜂窝煤更是难寻踪迹。然而，一口不盖盖子的高压锅，一个卤药包，满屋子飘香的味道，也能让人想起家的味道。一般一份卤水可以连续收置一个月，下次需要再卤制菜色的时候，继续加热，根据个人口味加盐或者倒入一瓶啤酒。

湖南家庭的自制卤菜是很简单的，为了满足过年时亲戚朋友的胃口，年前的时候，就会大量采购材料并制作好，存放在家中。家里的卤菜弄好后，在冬天一般可以放上10天左右。制作卤菜时，荤菜素菜都可以下，先荤后素。去了血水，将菜丢进锅里。刚出锅那会儿，鸡爪是最好吃的。牛肉、猪肚等肉类，就需要凉了之后再品尝。而素菜几乎只下豆制品，以豆干为主。

作者特意向母亲要了一副家庭的卤药配方。感兴趣的朋友可以按照此方去药店抓药。备齐了这些，家庭自制卤菜就成功了八成。

主要的卤药为：桔皮、毕拔[3]、大茴香、草果、小茴香、香叶、高良姜[4]、白芷、公丁香[5]、甘草、母丁香[6]、花椒。

回家后，将药用棉纱包起来，不能将卤药露在外面。将棉纱包放入烧开的水中，加入盐、酱油，熬制20分钟左右，便可以开始卤菜了。

卤好后，或放凉后切成片状摆盘，或加以辣椒、香菜下油锅炒。凉拌卤菜的辣椒，讲究即调即吃。先将准备好的辣椒粉、蚝油、酱油、味精、盐等佐料放入碗中，待锅里的油热了，就倒入所有佐料，搅拌。这样，一碗蘸菜的调味品就做好了。

【注释】

①卤药：人们做卤菜时，所用的中药香料总称，通常是由多种天然香辛料按一定的比例组合而成。

②红曲：中药名。为曲霉科真菌红曲霉的菌丝体寄生在粳米上而成的红曲米。分布于我国河北、江西、浙江、台湾、福建、广东等地。具有健脾消食，活血化瘀之功效。常用于饮食积滞，脘腹胀满，赤白下痢，产后恶露不尽，跌打损伤。

③毕拔：辛、热。有温中散寒之功用，用于胃寒所致之脘腹痛、呕吐、腹泻，常配高良姜。

④高良姜：姜科山姜属植物。多年生草本，具根状茎，株高 40～110 厘米，根茎延长，圆柱形。

⑤公丁香：丁子香，常绿乔木，高达 10 米。叶对生，卵状长圆形或长倒卵形，先端渐尖，基部渐窄下延至柄。花芳香，成顶生聚伞圆锥花序；花萼肥厚，绿色转紫色，长管状，先端 4 裂；花瓣白色稍带淡紫；雄蕊多数；子房下位；柱头不明显。浆果红棕色。

⑥母丁香：桃金娘科植物丁香（药用丁香）的近成熟果实，干燥果实呈卵圆形或椭圆形，长 2～3 厘米，直径 0.6～1 厘米。外表呈褐色，或带有土红色粉末，粗糙，多细皱纹，上端宿萼有 4 裂片。

阅读导引

作者是三十六行都了解过的萌妹子，“长沙十大名媛”之一。擅长用文字来描述钢筋水泥中的“家”的味道。现就职于华声在线长沙网，正努力实现“搜罗全球亲情味道美食”的梦想。

亲情、人情、乡情里的美食探寻，绵延在时间里的故乡味，融化成桌上的一碗浓浓乡愁。离乡后，乡愁是妈妈的味道。作者用朴实的语言讲述了湖南地区自制卤菜的做法和当地的风俗习惯。阅读中思考你身边的亲情味道美食有哪些？

任务四

【文本阅读】

现代厨房管理

庄　军　王　振　牟晓一

厨房是从事菜肴、点心等食物产品加工、生产、制作的场所，是餐饮企业将具有营养的食品原料，经过厨房专门工作人员的技术处理、艺术加工，进而向餐厅提供色、香、味、型等感官性状达到一定要求的产品的部门。

由此看来，厨房的生产是有计划、有秩序、有目的的劳动。有计划是指厨房的工作是要有规划的；有秩序是指厨房员工运用技术和艺术加工各类烹饪原料，要按照一定规格标准和操作程序进行；有目的是指要针对一定的顾客，顾客食用后要给予声誉的评价和经济上的报酬（这也是厨房要有盈利的目的）。

现代厨房生产运作的特点：①生产量的不确定性。包括季节变化因素和原料性质的影响、消费导向和出菜节奏的影响等。②生产制作的手工性。生产劳动凭借手工、手工制作导致成品差异、手工制作劳动强度大。③生产工艺的配合性。④产品具有特殊性。产品是供顾客享用的食品性商品，产品大多规格各异，生产批量小、产品销售的即时性、产品质量具有多元性。⑤成本的复杂性。⑥工作环境条件较差。位置偏背，接触面窄、工作条件艰苦。⑦产品销售信息反馈困难。产销难见面，第一手资料少，信息零散，异地发布。

现代厨房生产要求：①设置科学的组织机构。②制订明确的生产规范。③提供必备的生产条件。④建立相对稳定的厨师队伍。培养一支技术过硬、责任心强的厨师队伍，保持厨房技术骨干的稳定性。

生产规范：即厨房选择原料、加工切割、烹调出品的各项程序、规格标准及要求。①规范操作程序：业务运作管理程序、厨房生产操作程序。②统一生产工作规格与标准：厨房生产、作业规格、厨房工作标准。

必备的生产条件包括：①原料的采供、申领渠道要畅通，货源要有保障。②厨房的设计布局要尽可能合理，生产操作和出品流程要畅通便利。③厨房产品的服务销售要与生产紧密衔接，保证成品及时用于销售，并保持一定的服务规格水准。

厨师流动率低的好处：①选聘和挑选厨房员工的费用可以减少。②迎接新员工活动和对新员工进行培训的费用可以减少。③员工进入、熟悉工作阶段的工作质量及其他方面的问题可以减少。④缺工现象减少，紧急顶替、加班等现象也可减少。⑤熟练员工操作，事故发生率低，保险费用亦可减少。

现代厨房管理就是要在现代先进管理理论的指导下，将厨房人力、设备、原料等各种资源进行科学设计和整合，创造最高的工作效率，提供品质优良且持续稳定的出品，在满足消费者需求的同时，为企业创造良好、可靠的口碑和效益。

首先，激发调动员工积极性；完成酒店规定的各项任务指标；建立高效的运转管理系统；制订工作规范和产品标准；科学设计厨房布局；制订系统的管理制度；监督厨房有序运转。

其次，厨房生产的规格要标准：要求管理者与员工一致认可；要切实可行，可以衡量和检查；要始终保持贯彻。

此外，厨房需要建立相应的基本制度，如厨房纪律、厨房出菜制度、厨房员工休假制度、值班交接班制度、卫生检查制度、设施设备使用维护制度、技术业务考核制度、厨房会议制度、厨房日常工作检查制度等。

最后，制订厨房管理制度时必须注意：①要从便于管理和照顾员工利益的立场出发。②内容要切实可行，便于执行和检查。③语言要严谨，制度之间不应相互矛盾，不应违背餐饮企业总体规定。④措辞要以正面要求为主，注意策略和员工情绪。

阅读导引

本文是与厨房管理相关的文章。厨房是酒店、餐馆的核心部位，厨房管理是现代餐饮企业重要的工作内容，好的厨房，团队力量强，协作能力好，菜品质量高，工作效率也很高。很多同学即将进入职场，成为一名厨房工作人员，慢慢地成长为厨房管理人员，对厨房的管理和研究还需要更加的深入。

文学与生活

要管理一个团队，除了管理者的素质能力和威信以外，还需要管理的技巧和方法。厨房虽小，却是生产重地，是餐饮企业的重要部门，所有的结果都是为了菜品的质量和品质。从采买鉴别、挑选切配、加工制作、临灶成菜、装饰点缀等，都要求管理人员层层把关，最能锻炼人的组织能力、协调能力和辨识能力。

问题指南

思考

结合本文想一想，厨房管理需要了解哪些方面的问题？

厨政管理是一个大的系统工程，入职后其研究和学习还要继续深入，需要管理者有很强的综合能力。请同学们讨论一下，若交给你一个厨房，你将如何配置厨房资源？

评价

本文的一些观点很新颖，为未来我们涉足餐饮工作抛砖引玉，同时需要我们更多的实践去总结规律性的东西。

扩展

除了具有扎实的专业技术，还需要成长为一名有能力的管理者，你做好准备迎接挑战了吗？

文学寻味

厨房是生产美味的地方，作为厨政管理者，就是要在不大的空间为食客批量生产出美食美味。管理好的厨房，团队精神强，团队信心足，团队力量大，生产出的菜品也具有色香味俱全的特质。有志于做出好菜的你，在校期间能不能多掌握知识技能，入职后多动多想多思多悟，成为厨界新星？

【语文实践活动】

// 创建新厨房 //

活动设计

这是一次综合实践活动，首先提出任务，借助网络信息技术，将创建厨房的思路、设计、操作过程、运作等展示出来。先提出创建厨房的任务，再以“厨房”“健康饮食”“快乐生活”为主题，形成开放多元共享空间。

活动目标

使学生更加热爱厨房工作，提高烹饪技能，促进学生学以致用，树立自主思考、自己创业创新的思路。

活动准备

1. 准备不同类型的酒店厨房视频或图片制成 PPT。
2. 提前分成 6 ~ 8 组，每组 4 ~ 5 人，让学生查找酒店厨房运作的相关资料。
3. 各组选出一个小组长，负责安排组员的工作。
4. 各组策划一个完整的厨房，将厨房各工种的分工考虑进去。
5. 聘请专业教师或家长作为辅导员。

活动步骤

1. 各组展示自己的厨房及创建情况，需要的相关场地、设备、人员等。
2. 你的厨房档次规格如何，怎样运作？
3. 你的厨房需要什么类型的厨师？你对我们烹饪专业的学习有什么建议？

活动评价

对本次活动中学生的表现进行评价，让学生归纳总结厨房创建的过程。创建厨房并不是这么简单的事情，首先要有思路，要有几个思想统一的好友，要面对市场的管理和运作，甚至还有潜在风险等。同学们以后有创业想法时，要做好全盘的考量。

活动反思

对活动过程进行反思，点评学生的准备情况，查找和分析其中存在的问题。

【拓展阅读】

中小餐馆装修常见的五个格调缺陷

餐馆环境的舒适与否直接关系着整个餐馆的经营成效，厅面设计作为餐馆整体环境中设施环境和服务环境的重要一环，正逐渐受到餐馆经营者的重视。然而，由于目前很多餐馆经营者对餐馆整体格调的设计认识不足，有很大一部分餐馆暴露出一系列的“格调问题”，主要表现在以下五个方面：

1. 餐馆结构过于单调

由于餐馆的使用场地有限，基本构形呈长方形或正方形，缺乏流动性和变化性，同时增加了空间的混乱和嘈杂。这样导致餐馆往往在结构设计上过于单调，给宾客以压抑感。这是目前很多餐馆在装饰结构上出现的一个主要问题。

2. 餐馆空气浑浊潮湿

当前，大多数餐馆都使用空调，空间封闭。在这样的环境中就餐，往往会让人觉得空气不流通、人很不舒服。我们常常见到的火锅店就有这样的问题，就餐中的酒水、食物、人气在火锅的“热度”中加剧了空气的浑浊。此外，很多餐馆出于用地节约方面的考虑，厨房和餐馆之间的传菜通道较短，而餐馆的厨房排气功能又不强，这样间接增加了厅面空气的浑浊。

3. 餐馆桌位间距过小

在餐馆经营中，一般要求餐桌之间的距离在1.5～2米，这样有利于宾客活动，也有利于服务员进行席间服务。但我们发现许多餐馆为了节省空间，提高餐馆场地的使用率，会多摆几张桌子，这样反而给客人的行动带来不便，造成拥挤和嘈杂。

4. 餐馆环境空间压抑

有很多餐馆在装修时，把吊顶做得很低，这样导致客人在这种狭小的空间里感到胸闷和压抑。试问，压迫感和紧张的情绪能够使一个人在就餐中获得快乐吗？

5. 餐馆缺乏特色装饰

如果一家餐馆的装饰能够使经常在外吃饭的食客眼前一亮，就说明这家餐馆装饰比较有特色、有格调、有品位。但我们很多朋友经常都会抱怨这些。从现实的情况来看，很多中小餐馆的装饰设计大多抄袭照搬一些大酒楼的装饰，同样地采用地板、墙壁、桌椅、宫灯和折扇等，严重缺乏特色和新意。

（选自《中小餐馆标准化运营手册》）

阅读导引

本文将餐馆装饰中出现的问题进行了提炼和总结，将要经营餐饮的同学在入行时要多看多想，使餐馆有自己的个性和特点。

【课外古诗词诵读】

一七令·茶

元 稹[1]

茶。
香叶，嫩芽。
慕诗客，爱僧家。
碾雕白玉，罗织红纱。
铫[2]煎黄蕊色，碗转曲尘花[3]。
夜后邀陪明月，晨前独对朝霞。
洗尽古今人不倦，将知醉后岂堪夸。

【注释】

①元稹：字微之，别字威明，河南洛阳人。唐代文学家。
②铫：煎茶器具。
③曲尘花：指茶汤上面的饽沫。

【译文】

茶，就是清香的叶和细嫩的芽。

茶让高雅的诗人羡慕，让脱俗的僧家喜爱。

烹茶时用精致的茶碾和细密的红纱茶筛。

用铫煎出柔和美丽的黄色，再小心地撇去茶沫。

深夜泡上一杯可邀明月相陪对饮，早上泡上一杯可以笑看朝霞。

从很久之前人们就在饮茶，茶不仅能提神醒脑，消除疲倦，还能缓解酒醉，是醉后人们夸赞的佳品。

阅读导引

元稹与白居易同科及第，结为终生诗友，共同倡导新乐府运动，世称“元白”，形成“元和体”。其诗词成就巨大，言浅意哀，扣人心扉，动人肺腑。乐府诗创作受到张籍、王建的影响，“新题乐府”直接缘于李绅。代表作有传奇《莺莺传》《菊花》《离思五首》《遣悲怀三首》等。现存诗830余首，收录诗赋、诏册、铭谏、论议等共100卷，留世有《元氏长庆集》。

江南弄[①]

李　贺

江中绿雾[②]起凉波，天上叠巘[③]红嵯峨[④]。
水风浦云生老竹[⑤]，渚暝蒲帆如一幅[⑥]。
鲈鱼[⑦]千头酒百斛[⑧]，酒中倒卧[⑨]南山绿。
吴歈越吟[⑩]未终曲，江上团团贴寒玉[⑪]。

【注释】

①江南弄：乐府诗清商曲辞题名。《乐府解题》说："江南古辞，盖美芳晨丽景，嬉游得时。"
②绿雾：青茫茫的雾气。团雾从碧绿的江波中升起，故称"绿雾"。
③叠巘：本指层叠的山峦。南朝宋谢灵运《晚出西射堂诗》："连鄣叠巘崿。青翠杳深沉。"此形容晚霞。
④嵯峨：山峰高峻貌。
⑤"水风"句：言竹木与江水相连，仿佛风和云都是从竹林中生出来的。
⑥"渚暝"句：写黄昏时渡口众多的帆船相连成片，如一幅图画。渚，水中小块陆地。暝，昏暗。蒲帆，指用蒲草织成的船帆。
⑦鲈鱼：一种味道鲜美的鱼。江南鲈鱼自魏晋以来就为人所珍视。
⑧百斛：泛指多斛。斛，量具名。古以十斗为斛，南宋末改为五斗。
⑨酒中倒卧：饮酒中间就醉倒了。
⑩吴歈越吟：指江南地方歌曲。吴歈，即吴歌。越吟，即越歌。
⑪贴寒玉：喻初升之月映在江面上。寒玉，比喻清冷雅洁的东西，此处喻月。

【译文】

绿雾从江中清凉的波涛中升起，天上红霞重叠，像高峻的山峰。

河边的云，水面的风，都像从老竹林里生出，洲渚暮色茫茫，众多蒲帆连成一片，不甚分明。

鲈鱼千头醇酒百斛尽情享用，酒醉卧地，斜视着南山的绿影。

信口唱支吴歌越曲，还未唱完——江月如圆玉，已在东方冉冉上升。

阅读导引

李贺，字长吉，河南福昌（今河南宜阳）人，唐代浪漫主义诗人，有"诗鬼"之称。著有《昌谷集》。

此诗前四句描写江南景物的美好，后四句描写江南人在山清水秀的环境中饮酒歌吟的畅适。全诗写江南暮色，清新明丽，美景醉人，秀色可餐，表现出诗人对美好山水的热爱之情。

参考文献

[1]巴陵. 遍地炊烟 [M]. 北京：中国人民大学出版社，2014.
[2]巴陵. 一本书吃遍中国 [M]. 北京：企业管理出版社，2012.
[3]蔡澜. 蔡澜旅行食记 [M]. 青岛：青岛出版社，2016.
[4]陈文荣. 老味道 [M]. 长春：吉林出版集团有限责任公司，2014.
[5]丁成厚. 秘味贵州 [M]. 成都：天地出版社，2017.
[6]董克平. 寻味儿：董克平饮馔笔记 [M]. 青岛：青岛出版社，2018.
[7]高成鸢. 味即道：中华饮食与文化十一讲 [M]. 北京：生活书店出版有限公司，2018.
[8]贺黎明，周远德. 辣味遵义 [M]. 贵阳：贵州人民出版社，2018.
[9]麻来军，梁甘冷. 语文 [M]. 杭州：浙江大学出版社，2010.
[10]彭忠富. 吮指谈吃 [M]. 北京：北京工业大学出版社，2015.
[11]搜狐新闻客户端吃货自媒体联盟. 寻味：舌尖上的乡愁 [M]. 北京：时代出版传媒股份有限公司，2014.
[12]吴茂钊，黄永国. 教学菜：黔菜 [M]. 北京：中国劳动社会保障出版社，2021.
[13]吴茂钊，张智勇. 贵州名厨：经典黔菜 [M]. 青岛：青岛出版社，2020.
[14]杨志华，范春玥. 烹饪语文 [M]. 武汉：华中科技大学出版社，2020.
[15]袁枚. 随园食单 [M]. 北京：中国纺织出版社，2006.
[16]张健鹏，胡足青. 美国语文 [M]. 马浩岚，编译. 北京：中国妇女出版社，2008.
[17]朱晓剑. 舌尖风流 [M]. 长春：吉林出版集团有限责任公司，2013.
[18]朱晓剑. 天天见面 [M]. 北京：中国青年出版社，2014.
[19]庄军，王振，牟晓一. 中小餐馆标准化运营手册 [M]. 北京：化学工业出版社，2012.
[20]庄周 . 庄子全译 [M]. 张耿光，译注. 贵阳：贵州人民出版社，1991.